DE LA RÉCIDIVE

ET

DU RÉGIME PÉNITENTIAIRE

EN EUROPE

Par Émile YVERNÈS

CHEF DU BUREAU DE LA STATISTIQUE ET DES CASIERS JUDICIAIRES
AU MINISTÈRE DE LA JUSTICE DE FRANCE

PARIS

GUILLAUMIN ET C.ⁱᵉ
14, RUE RICHELIEU

DURAND ET PEDONE-LAURIEL
9, RUE CUJAS

1874

DE LA RÉCIDIVE

ET DU RÉGIME PÉNITENTIAIRE

EN EUROPE

PARIS. — TYPOGRAPHIE A. HENNUYER, RUE D'ARCET, 7.

DE LA RÉCIDIVE

ET

DU RÉGIME PÉNITENTIAIRE

EN EUROPE

Par Émile YVERNÈS

CHEF DU BUREAU DE LA STATISTIQUE ET DES CASIERS JUDICIAIRES
AU MINISTÈRE DE LA JUSTICE DE FRANCE

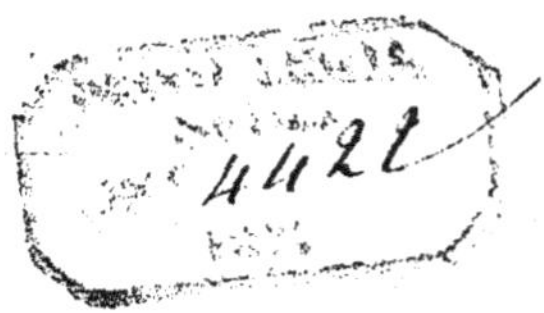

PARIS

GUILLAUMIN ET Cᵉ
14, RUE RICHELIEU

DURAND ET PEDONE-LAURIEL
9, RUE CUJAS

1874

AVANT-PROPOS

Il y a longtemps que la progression des récidives et le régime pénitentiaire préoccupent les criminalistes et les moralistes de tous les pays. En ce qui concerne la France, à l'égard de laquelle nous avons, pour nous éclairer, la statistique criminelle, qui compte déjà un demi-siècle d'existence, cette plaie sociale de la récidive s'est développée dans une proportion considérable. Sans remonter aux époques antérieures à l'institution des casiers judiciaires et prenant seulement les années extrêmes des quatre dernières périodes quinquennales, nous constatons l'accroissement suivant : le nombre proportionnel des accusés récidivistes, qui n'était que de 28 pour 100 en 1850, s'est élevé, en 1869, à 42 pour 100, et celui des prévenus récidivistes est monté de 20 à 38 pour 100. Si maintenant nous considérons la récidive dans ses relations avec le régime pénitentiaire, voici ce que la statistique nous apprend : sur 100 hommes sortis en 1850 des maisons centrales, 33 seulement avaient été repris dans le cours de cette même année ou pendant les deux années suivantes ; pour les femmes, le rapport était plus faible, on n'en comptait que 23 pour 100. En 1869, dernière année normale, le compte de la justice criminelle porte la proportion, à l'égard des libérés de 1867, à 43 pour 100 pour les hommes et à 31 pour 100 pour les femmes. Ces résultats ne sont pas particuliers à la France. Ainsi, la dernière statistique criminelle publiée par le gouvernement belge signale cette augmentation : en 1850, sur 100 accusés, il n'y avait que 25 récidivistes ; en 1867, cette proportion a atteint 45 pour 100. Les six dixièmes des individus libérés de peines corporelles sont repris et jugés de nouveau dans les trois ans de leur libération. En Autriche, la récidive se chiffre ainsi : 59 pour 100 pour les hommes et 51 pour 100 pour les femmes ; en Suède, elle est de 42 pour 100 ; en Suisse elle arrive, dans certains cantons, à 45 pour 100 ; dans le Wurtemberg, près des deux tiers, 65 pour 100, des condamnés détenus au 30 juin 1872 dans les divers établissements pénitentiaires avaient déjà comparu devant la justice.

On a recherché la cause de cette progression des récidives. Si l'indulgence du législateur ou plutôt du juge peut, dans une certaine mesure, être considérée comme ayant encouragé ce développement, il est certain, et tout le monde est d'accord à cet égard, que le mal a surtout sa source dans la difficulté du reclassement des libérés et dans l'insuffisance du régime pénitentiaire au point de vue moralisateur. En France, la surveillance sous laquelle sont placés les libérés a été l'objet de réformes utiles et une commission d'enquête sur le régime des établissements pénitentiaires, nommée le 25 mars 1872 par l'Assemblée nationale, a déjà déposé sur le bureau plusieurs rapports et projets de loi sur cette matière. En Russie, en Autriche, en Italie, etc., les mêmes questions sont à l'étude. Enfin, au mois de juillet 1872, un congrès international s'est réuni à Londres, sur l'initiative de M. Wines, de New-York. Il est inutile d'insister davantage sur l'intérêt qui s'attache au sujet que nous avons à traiter, et pour nous restreindre dans la limite qui nous est imposée, nous ne retiendrons des desiderata exprimés par le congrès de Londres que le vœu suivant : « Il serait à désirer que les statistiques officielles fussent rédigées d'une manière uniforme et dans des conditions de nature à prémunir les moralistes contre toute erreur d'interprétation. » Pour atteindre ce but, le congrès a chargé un comité pris dans son sein de rechercher et d'indiquer quelles peuvent être les bases d'assimilation des publications officielles.

Le congrès international de statistique ne pouvait rester étranger à ce mouvement scientifique et moral. Il l'avait même devancé ; car, à sa session de Paris, en 1855, il avait, sur le rapport de M. Bucquet, de France, posé les bases qui lui paraissaient les meilleures pour l'organisation d'une statistique des établissements pénitentiaires. A sa session de Florence, en 1867, il a exprimé le vœu « que dans cette statistique on marquât d'une façon distincte si le détenu a été soumis à quelque institution de patronage, que l'on fît connaître si ladite institution dépend de l'administration ou est due à l'initiative individuelle ; pendant combien de temps le détenu est demeuré sous la surveillance ; quelles ont été ses occupations et sa conduite, et enfin pour quelle raison il a été soustrait à l'action bienfaisante de l'institution. — M. Errera, de Venise, rapporteur. » — Pour être complet, il eût été bon d'ajouter : « A quel mode de surveillance le détenu avait été soumis », car les mesures administratives qui sont prises contre les libérés varient d'un pays à l'autre, et elles peuvent avoir des effets différents sur la conduite ultérieure de ceux qui en sont l'objet. Enfin, à sa session de Saint-Pétersbourg, le congrès, sur notre rapport, a demandé : 1° qu'il fût établi, dans chaque pays, un système de casiers judiciaires ou de registres périodiques en vue de la recherche et de la constatation de la récidive; 2° que les statistiques officielles fournissent sur la récidive des indications circonstanciées; 3° que ces documents fussent rédigés de façon à rendre possible l'étude de la récidive dans ses rapports avec le régime pénitentiaire; 4° enfin que ces diverses questions fussent soumises aux délibérations de la prochaine session du congrès.

La commission permanente de ce congrès, composée des délégués officiels et chargée de poursuivre l'assimilation des publications statistiques dans les différents pays et d'effectuer des enquêtes internationales sur les questions proposées, a bien voulu nous confier le soin de rédiger un mémoire sur la matière dont il s'agit. Nous n'avons ni l'intention ni la prétention de faire ici la théorie de la récidive et du régime pénitentiaire. Une pareille étude serait inconciliable avec le temps qu'il nous serait possible d'y consacrer et dépasserait les limites du cadre restreint qui nous est tracé. D'ailleurs, que pourrions-nous ajouter à ce qu'ont écrit sur ce sujet les plus grands criminalistes de tous pays, Faustin Hélie, Ortolan, Bonneville de Marsangy, Ch. Lucas, Holtzendorff, d'Olivecrona, van Hoorebeke et tant d'autres? Nous ne ferions qu'affaiblir, en les reproduisant, leurs admirables dissertations que connaissent parfaitement, du reste, ceux qui sont appelés à nous lire ou à discuter nos conclusions. Telle n'est pas notre mission ; le but que nous devons surtout poursuivre est celui-ci : Examiner si les diverses législations permettent d'établir, à l'égard de la récidive, l'uniformité dans les statistiques officielles de l'Europe, indiquer les points communs que ces documents doivent présenter, et rechercher à l'aide de quel procédé on peut arriver à fournir partout les moyens d'étudier la récidive dans ses rapports avec les dispositions pénales et le régime pénitentiaire; en un mot, réunir les éléments nécessaires aux délibérations du congrès. Comme l'a très-bien dit M. Ch. Lucas, les congrès ont moins à résoudre qu'à provoquer et à élaborer les questions qui intéressent la science et à en stimuler ainsi d'une manière incessante le développement progressif. Nous devions définir d'une manière précise le devoir que nous avons à remplir, afin d'indiquer aux personnes étrangères au congrès international de statistique le véritable caractère de ce travail.

Pour obtenir le résultat proposé, il était nécessaire de nous procurer, sur tous les pays, des documents uniformes; nous avons, à cet effet, adressé à nos collègues un questionnaire auquel ils ont répondu avec un empressement dont nous nous faisons un devoir de les remercier ici très-vivement. Ce questionnaire comprenait cinq sections : Législation de la récidive [1]. — Moyens de recherche et de constatation. — État de la statistique. — Législation du régime pénitentiaire. — Statistique de la récidive dans ses rapports avec le régime pénitentiaire. C'est la division que nous adopterons dans l'analyse qui va suivre. Quant aux pays, ils seront classés dans l'ordre déterminé par le congrès de Saint-Pétersbourg (8e session) pour les travaux de statistique internationale.

[1] L'objet principal de ce mémoire étant l'étude de la récidive dans ses rapports avec le régime pénitentiaire, nous ne nous occuperons que de la récidive criminelle et correctionnelle, c'est-à-dire de celle qui peut être réprimée par une peine corporelle d'une durée assez longue, laissant complétement de côté la récidive en matière de *contraventions*, qui, à notre point de vue spécial, n'offre aucune importance.

CHAPITRE I

LÉGISLATION DE LA RÉCIDIVE

Grande-Bretagne. — Les infractions se divisent en *felonies* et en *mis-demeanours*. La définition qu'on donne généralement de la félonie est vague : c'est, dit-on, une offense d'un caractère élevé, et on appelle misdemeanour (forfait) toute offense moindre que la félonie. Les offenses sont *indictables* ou *sommaires*. L'offense est tout acte ou toute omission (qui n'est pas crime) punissable sur *indictment* (acte d'accusation) ou sommairement. Toutes les félonies ne sont pas nécessairement poursuivies sur indictment, pas plus que tous les misdemeanours ne sont poursuivis sommairement.

Pour la pénalité, une très-grande latitude est laissée à la Cour devant laquelle les prisonniers sont convaincus de culpabilité.

Le maximum des peines est pour la félonie (qui comprend l'assassinat, *murder*, et la haute trahison, les seuls crimes capitaux aujourd'hui) la mort, et pour le misdemeanour dix ans de servitude pénale. Aussi bien pour la félonie que pour le misdemeanour, on peut descendre jusqu'à la plus petite peine d'emprisonnement ou la plus petite amende.

Divers actes du Parlement comme : les actes 7 et 8, G. IV, chap. xxviii ; — Criminal Law consolidation and amendment, actes de 1861 ; — Penal servitude, acte de 1864 ; — Prevention of crime, acte du 21 août 1871[1] et d'autres encore, contiennent des dispositions sur la pénalité applicable aux récidivistes.

Dans la loi anglaise, c'est l'offense antérieure et non la peine qui lui a été appliquée, qui modifie la peine lors d'une nouvelle conviction. Le

[1] En 1869, le Parlement anglais, effrayé du nombre croissant des récidives et des dangers de l'agglomération dans les grandes villes d'une population de malfaiteurs, devenue plus nombreuse par suite de la suppression de la déportation dans les colonies et de l'extension du système de la libération préparatoire, s'est décidé à imiter les législations pénales du continent et à soumettre au régime de la surveillance de la police non-seulement les condamnés libérés à titre provisoire, mais encore la plupart des récidivistes. L'acte du 11 août 1869 (*the Habitual criminals Act* 32 et 33 Vict, ch. xcix), qui a réalisé cette innovation, a prescrit en outre de tenir un registre général des condamnations et édicté certaines dispositions contre les recéleurs d'objets volés et les auteurs d'attaques ou de violences contre les agents de la police. L'effet de cette législation a été de diminuer dans une proportion assez considérable le nombre des récidives. Aussi le Parlement a-t-il, dans l'acte de 1871, lequel est destiné à remplacer l'acte de 1869, maintenu et fortifié les rigueurs introduites par ce dernier. (RIBOT, *Annuaire de législation comparée.*)

maximum de la peine, en cas de « reconviction », est le plus souvent fixé par la loi ; la quotité, en dedans de ce maximum, applicable à chaque cas, est laissée à la discrétion de la Cour.

La récidive est *spéciale* dans certains cas, par exemple : la « conviction » pour félonie, après une conviction antérieure pour félonie ; *générale*, dans d'autres cas, par exemple : une conviction pour simple vol, après une conviction antérieure pour un misdemeanour indictable ; une conviction pour simple vol après deux convictions sommaires antérieures.

Il y a récidive :

A. De crime à crime : un prisonnier est sur le point d'être convaincu, sur indictment, de félonie, et une conviction antérieure pour félonie est prouvée contre lui ; il est au pouvoir de la Cour de le condamner à la servitude pénale à perpétuité.

B. De crime à délit : un prisonnier a été convaincu sommairement d'un *misdemeanour* ; il peut être condamné à six mois d'emprisonnement, avec travail forcé, ou simplement à une légère amende, à la discrétion du magistrat. Celui-ci découvre après enquête que le prisonnier est un criminel endurci, *old offender* (un vieux offenseur), qu'il a antérieurement été convaincu de félonie ; il lui applique alors la condamnation la plus sévère qu'il puisse prononcer.

C. De délit à crime : un prisonnier est convaincu, sur indictment, de félonie ; si plusieurs convictions pour offenses moindres sont prouvées contre lui, la Cour tient compte de cette situation en prononçant la sentence.

D. De délit à délit : dans les cas de conviction sommaire, le magistrat tient compte, en prononçant la sentence, de toutes les convictions sommaires antérieures qui peuvent être prouvées.

· L'aggravation de peine édictée par la loi consiste en périodes plus longues de servitude pénale, ou d'emprisonnement, avec, dans quelques cas, addition de travail forcé, et, dans d'autres, de fustigation.

La loi ne fait pas de distinction entre la première et la seconde récidive ; mais la Cour peut prononcer une condamnation plus sévère.

Danemark. — En Danemark, la législation criminelle est codifiée dans la loi pénale du 10 février 1866, qui contient 311 articles. Cette loi, élaborée en vue d'une réforme de la procédure criminelle et de l'établissement de cours d'assises, laisse, quant à l'application des peines, une grande latitude au pouvoir discrétionnaire des juges, en demandant seulement que les degrés les plus élevés ne soient employés que dans les cas graves et particulièrement à l'égard des récidivistes. Elle n'admet pas la distinction entre crimes et délits. Il n'y est question que de délits, dans le sens le plus large du mot, et de contraventions ne présentant pas un véritable caractère délictueux.

En principe, la récidive constitue une circonstance aggravante, qu'elle soit spéciale ou qu'il s'agisse de délits de différente nature. La seule exception importante à cette règle a lieu pour le vol et le recel, où il y a une gradation des peines jusqu'à la troisième récidive. Ce n'est pas le fait, mais c'est une condamnation antérieure subie définitivement devant une juridiction quelconque, civile ou militaire, du royaume qui forme la condition absolue de l'application de la peine progressive pour vol et pour recel.

S'il y a un intervalle de dix ans entre la condamnation antérieure et le nouveau fait, ou si la condamnation antérieure porte sur un délit commis avant que le coupable ait accompli sa dix-huitième année, les règles spéciales de la récidive ne sont pas applicables, mais les faits antérieurs sont considérés comme circonstances aggravantes.

Norwége. — Les lois norwégiennes contiennent des dispositions relatives à la récidive criminelle. Pour quelques crimes passibles des travaux forcés, elles ont édicté la peine de mort, quand ces crimes ont été commis par des individus déjà condamnés aux travaux forcés à perpétuité. A part ces crimes, l'aggravation de peine résultant de la récidive est toujours déterminée par la nature du premier crime et non par celle de la première peine. Cette aggravation n'est appliquée que lorsque les deux crimes sont de la même espèce : tel est le principe ; il n'y a d'exception qu'à l'égard du vol, du brigandage et de la fraude (douanes) ; ces infractions sont toujours considérées comme étant de la même espèce, quand bien même il n'y aurait pas similitude *absolue* de caractère entre la première et la seconde.

On remarque parmi les faits pour lesquels l'aggravation de peine est édictée diverses offenses contre les lois commerciales et industrielles, des infractions relatives aux mœurs, les vols et autres soustractions assimilées aux vols, le brigandage, la fraude, des délits de fonctionnaires, des offenses contre les lois tendant à la préservation des revenus de l'Etat et quelques crimes militaires.

L'aggravation se traduit, tantôt par une extension de la durée ou de la quotité de la peine, tantôt par l'élévation à une peine supérieure.

La récidive produit ses effets d'une juridiction à l'autre : d'un crime militaire à un crime de droit commun.

Pour les crimes de vol et de brigandage et pour quelques délits, tels que ceux des fonctionnaires et de fraude en matière de douanes, la loi norwégienne distingue entre la première et la seconde récidive, entre celle-ci et la troisième, etc., et édicte pour chacune d'elles des peines différentes.

Quand il s'est écoulé dix ans entre l'expiration d'une première condamnation (par exécution légale ou par grâce) et un nouveau fait, l'aggravation de peine n'est pas applicable.

Suède. — La loi pénale suédoise contient des dispositions contre la récidive ; mais ces dispositions ne se réfèrent qu'au vol, soit accompli, soit tenté, et dans ce dernier cas, à l'aide de violences, d'effraction, d'escalade ou de fausses clefs. La base de la récidive est la peine consommée, de sorte qu'un voleur condamné, ayant commis un nouveau vol, n'est pas considéré légalement comme récidiviste, s'il n'a subi la totalité de la peine prononcée pour son vol antérieur. L'aggravation de peine consiste en ce que l'amende ou l'emprisonnement se transforme en une peine plus sévère et de nature différente, les travaux forcés par exemple, ou, pour être plus exact, le travail pénal, et dans d'autres cas, en ce que les travaux forcés, de temporaires deviennent perpétuels. La loi distingue entre la première et la deuxième récidive, entre la deuxième et la troisième, etc., mais elle ne tient aucun compte du temps écoulé entre la première condamnation et le nouveau fait.

Russie. — La législation russe envisage la récidive comme une circonstance aggravante. Elle reconnaît (art. 131 du Code pénal) comme base de la récidive la perpétration du même crime ou celle d'un autre crime après le jugement et la punition du premier. Si la peine prononcée pour un premier crime a été remise par voie de grâce, il n'y a récidive, en cas de nouveau crime, que dans le cas où les deux infractions présentent la même gravité. L'article 14 du Code pénal des juges de paix exige même l'identité et l'homogénéité des infractions.

La peine est aggravée de deux degrés et plus. Quand la loi ne fixe pas la peine de la récidive, le juge applique le maximum. La deuxième récidive entraîne dans certains cas le changement de juridiction.

L'article 14 du Code pénal des juges de paix est la seule disposition de la loi établissant qu'il n'y a récidive que lorsque la deuxième infraction est commise dans l'année qui suit la première condamnation.

Autriche. — La loi pénale autrichienne du 27 mai 1852, qui est encore en vigueur (une nouvelle loi est en élaboration) range parmi les *crimes* la plupart des actions dolosives (dolosen), c'est-à-dire toutes les violations du droit intentionnelles et graves ; elle traite comme *délits* un certain nombre de catégories spéciales d'infractions et elle ne désigne comme *contraventions*, dans la plupart des cas, que des actions fautives (culposen), n'y comprenant en fait d'infractions commises avec mauvaise intention que quelques-unes des moins importantes, comme par exemple les légères atteintes à la propriété.

Cette même loi (art. 44) énonce comme circonstances spécialement aggravantes : (*a*) la pluralité de crimes de nature différente ; (*b*) la répétition du même crime ; (*c*) le fait que le criminel a déjà été puni pour le même crime. Par contre, elle range parmi les circonstances atténuantes (art. 46), eu égard à la personne du coupable, la conduite antérieure exempte de *blâme* (untadelhaft). Le principe est absolument le même pour les délits et les contraventions (art. 263) ; seulement, en ces matières, la loi exige, pour qu'il y ait circonstance atténuante, que la conduite antérieure ait été exempte de *reproche* (unbescholten).

La récidive légale est donc spéciale ; elle n'existe que pour le même crime, le même délit, la même contravention. Dans tous les autres cas, la rechute dans une infraction quelconque est considérée comme une circonstance aggravante, mais non comme une nouvelle action punissable. Ce n'est qu'à l'égard du *vol* que se produit cette circonstance particulière que, quand le coupable a déjà été condamné deux fois, soit pour crime, délit ou contravention de même nature, le vol, s'il s'agit toutefois de plus de 5 florins (12 francs), est un crime à raison de la qualité personnelle du coupable ; dans ce cas la récidive apparaît, non comme aggravante, mais comme qualificative et l'accusé est traduit devant la cour de justice (instance pour crimes) et non devant le juge unique. Si l'accusé est un voleur *d'habitude*, il comparaît devant le jury, quelle que soit l'importance du vol.

Hongrie. — La Hongrie proprement dite consiste en deux pays : la Hongrie et la Transylvanie. — La Croatie et l'Esclavonie constituent les annexes de la Hongrie.

Une loi de 1867 incorpora la Transylvanie à la Hongrie et une autre loi de 1868 régla les rapports des pays annexes ; mais la législation hongroise maintint la Transylvanie, la Croatie et l'Esclavonie sous le régime des lois pénales autrichiennes jusqu'à la promulgation du nouveau Code pénal hongrois, qui se prépare en ce moment et qui sera soumis, dans quelques mois, à l'Assemblée législative.

Dans l'état actuel du droit criminel hongrois, il n'y a de récidive qu'en matière de presse. La loi de 1848, § 16, s'exprime ainsi : « Quiconque commet un délit pour lequel il a déjà été puni, pourra être condamné à une peine de moitié plus élevée que celle à laquelle il a été condamné la première fois. Les peines pour les délits de presse sont l'emprisonnement et l'amende cumulativement ou séparément. »

Les autres lois criminelles sont muettes sur la récidive ; mais, dans la pratique, celle-ci constitue toujours une circonstance aggravante et a pour conséquence l'application d'une peine de plus longue durée.

D'après le Code pénal autrichien, en vigueur en Transylvanie, en Croatie et en Esclavonie, la récidive peut, en outre, avoir pour effet l'aggravation de la peine de l'emprisonnement par l'application du jeûne, de la mise en cellule, du cachot, d'une couche plus dure ou de l'exil après la peine subie.

Suisse. — La Suisse se compose de vingt-cinq Etats souverains : cantons ou demi-cantons. Chacun d'eux est régi par des lois spéciales. La confédération n'a pas à intervenir ; sa compétence n'embrasse que le droit pénal militaire et le droit des gens, les crimes de lèse-nation et ceux commis par des fonctionnaires fédéraux ou des employés de chemin de fer dans l'exercice de leurs fonctions.

Quatre cantons : Uri, Zug, Unterwald le bas et Appenzell-Rhodes intérieures n'ont point de Code pénal ; ils ont seulement quelques lois organiques qui laissent au juge un pouvoir discrétionnaire assez étendu, et ces lois ne parlent pas de l'état de récidive.

L'état de récidive est prévu par toutes les autres législations de la Suisse ; mais certains cantons n'attachent pas une très-grande importance à ce fait ; ils le considèrent purement et simplement comme une circonstance aggravante ; d'autres ne l'admettent que pour tel ou tel crime ou délit spécialement déterminé.

En Suisse, c'est la peine antérieure qui constitue le prévenu en état de récidive ; mais les principes qui ont guidé les législateurs sont différents. En effet, onze cantons : Zurich, Glaris, Fribourg, Bâle ville, Bâle campagne, Schaffouse, Tessin, Vaud, Valais, Neuchâtel et Genève font dépendre l'état de récidive d'une simple condamnation ; la loi s'exprime ainsi : « Celui qui a déjà été condamné ». Neuf autres : Berne, Lucerne, Schwitz, Unterwald le haut, Appenzell-Rhodes extérieures, Saint-Gall, Grisons, Argovie, Thurgovie, et la confédération, pour ce qui la concerne, exigent expressément que le coupable ait subi sa première peine en tout ou en partie. Le Code pénal du canton du Tessin prévoit trois cas de récidive : 1º quand le prévenu a commis le deuxième crime avant d'avoir subi la peine précédente, circonstance atténuante ; 2º quand il l'a commis pendant qu'il subissait cette première peine, circonstance aggravante ; et 3º quand il l'a commis après sa libération. Dans les cantons de Bâle et de Zurich, on ne fait aucune distinction entre le coupable qui a commis plusieurs crimes en même temps (cumul) et celui qui a commis une nouvelle faute avant d'avoir expié l'ancienne. Dans le canton de Schwitz, nul ne peut être déclaré en état de récidive s'il n'a déjà été condamné *deux* fois.

Sauf trois cantons : Grisons, Neuchâtel et Genève, tous les autres exigent, pour qu'il y ait récidive, que le coupable soit retombé dans le même crime ou délit (récidive spéciale). Mais il est à remarquer que, tandis que Bâle ville et Bâle campagne restreignent l'effet de la récidive à certains crimes ou délits bien définis, le reste des cantons l'étend aux crimes semblables ou de même nature, voire même à ceux qui emportent la même intention criminelle. Le sens des mots « même nature » varie d'un canton à l'autre. Quatre cantons : Vaud, Fribourg, Tessin et Unterwald le haut, ont pris soin d'indiquer un à un les crimes ou délits que le juge doit considérer comme identiques, par exemple : le vol et le brigandage, l'escroquerie et l'exaction, le faux, le faux serment et le faux témoignage, la calomnie, etc. Schaffouse considère trois choses : la nature du droit lésé, l'intention proprement dite et la manière dont le crime a été perpétré. Dans ce canton, la tentative ou la complicité sont assimilées au crime et entraînent les mêmes effets juridiques quant à la récidive.

Toutes les lois pénales de la Suisse, sans exception, admettent la récidive de crime à crime et de crime à délit. Mais la question de savoir s'il y a récidive de délit à crime, demande quelques distinctions. Dix cantons : Berne, Glaris, Bâle, Schaffouse, Saint-Gall, Grisons, Thurgovie, Tessin, Vaud et Valais, admettent cette récidive de délit à crime ; deux autres : Fribourg et Neuchâtel la repoussent formellement, et le reste ne s'en est pas occupé ; c'est à la pratique de décider. Mais, chose bizarre, Neuchâtel, qui exclut la récidive de délit à crime, déclare qu'une condamnation à un mois d'emprisonnement est considérée comme une circonstance *aggravante*. Quant à la récidive de délit à délit, la négative est la règle générale, car les diverses législations de la Suisse sont muettes sur ce point.

La peine varie considérablement d'un canton à l'autre : Bâle ville, Bâle campagne, Appenzell-Rh. ext., Grisons et Argovie ainsi que la confédération, considèrent plus ou moins la récidive comme une circonstance aggravante et laissent au tribunal le soin de châtier le coupable dans les limites fixées par la loi pour tel ou tel crime. Tel est le principe ; mais, dans certains cas, quand il s'agit du vol par exemple, la justice peut se montrer plus sévère et employer une autre espèce de peine. Zurich permet au juge d'élever le maximum de moitié si un individu est en récidive pour la troisième fois ; il peut être condamné à dix ans de travaux forcés, même si les condamnations antérieures ne consistaient qu'en un mois d'emprisonnement. A Berne, le maximum peut être élevé jusqu'au double quand il y a à la fois cumul et récidive ; à Lucerne, la peine ordi-

naire peut être élevée de moitié pour la première récidive, des trois
quarts pour la deuxième, du double pour la troisième, et ainsi de suite ;
on ajoute toujours un quart. Schwitz : maximum toujours élevé de moitié.
Unterwald le haut et Glaris : l'aggravation varie suivant les circonstances,
toute latitude est laissée au juge. Fribourg : aggravation d'un quart pour
la première récidive, de moitié pour la seconde et du triple pour la troisième et les suivantes. Schaffouse : peine généralement élevée de moitié.
Saint-Gall : aggravation jusqu'au double ou changement de peine. Thurgovie : choix d'une autre peine quand le maximum ordinaire ne suffit
plus. Tessin : l'aggravation varie suivant que la nouvelle infraction a été
commise avant, pendant ou après l'exécution de la peine précédente. Le
condamné à perpétuité qui commet un nouveau crime est mis au cachot
pour le reste de ses jours. Vaud : la peine est augmentée de moitié pour
la première récidive, jusqu'au double pour la deuxième et jusqu'au triple
pour les autres. Valais : le prévenu est d'abord condamné au maximum ;
puis, s'il tombe de nouveau en récidive, on augmente la peine propor-
tionnellement du quart, de moitié et enfin du double. Neuchâtel : application du maximum la première fois, puis élévation jusqu'à la moitié.
Genève : chaque cas de récidive entraîne une peine plus sévère, mais de
nature différente.

Néanmoins, toutes ces aggravations ne doivent pas dépasser les limites
extrèmes prévues par la plupart des lois pour chaque genre de peine.
Sauf quelques exceptions, la peine ne s'élève jamais d'une juridiction à
une autre, le coupable est toujours traduit devant ses juges ordinaires.

Quelques cantons ne reconnaissent plus l'état de récidive quand, entre
la première et la seconde infraction, il s'est écoulé un laps de temps relativement considérable : ce sont ceux de Zurich, de Berne, de Fribourg,
de Thurgovie et du Tessin. Les deux premiers n'admettent plus la récidive en matière de délit après cinq ans, en matière de crime après dix
ans ; Fribourg, Tessin et Thurgovie, pour toutes les infractions, après dix
ans à dater de la libération, et pourvu que pendant les dix années la conduite du condamné ait été irréprochable ; pour le canton de Neuchâtel, le
législateur ne s'est occupé que des contraventions : l'inculpé n'est plus
en état de récidive au bout de deux ans ; il n'a pas parlé des crimes
ni des délits. En général, les lois pénales de la Suisse décident que la
peine doit être d'autant plus forte que l'espace de temps entre deux infractions est plus court. Le canton du Valais fait exception à cette règle.
Son Code admet la récidive dans tous les cas ; peu importe que la prescription couvre le premier crime ou que le condamné ait été gracié ou
réhabilité.

Dans le Tessin on ne tient compte, pour les antécédents, que des condamnations prononcées dans le canton ; à Fribourg, il suffit que le premier jugement émane d'une autorité fédérale ou cantonale. Schaffouse, Saint-Gall et Valais reconnaissent tous les jugements rendus hors du canton, n'importe par quelle autorité. Les autres législations sont muettes, c'est la jurisprudence qui décide.

Prusse. — Le Code pénal du 31 mai 1870, dans le principe en vigueur seulement dans les Etats de la Confédération germanique du Nord, a été étendu par la loi du 15 mai 1871 sous le titre : Code pénal de l'empire d'Allemagne (*Strafgesetzbuch für das deutsche Reich*), à tout le territoire du nouvel empire, qui comprend les Etats de Prusse, de Bavière, de Saxe, de Wurtemberg, de Bade, de Hesse, de Mecklembourg-Schwerin (nous ne citons ici que les pays qui figurent dans ce travail ; l'exposé qui va suivre leur est donc applicable).

Ce Code ne considère pas la récidive comme une cause générale de l'aggravation des peines ; c'est le fait et non la peine qui sert de base à la récidive.

Il n'admet la récidive que pour le vol, la rapine, le recel, l'escroquerie et la mendicité, et voici par quelles dispositions :

Art. 244. Quiconque, ayant été condamné par un tribunal de l'Allemagne soit pour vol avec ou sans violences, soit pour un fait assimilé au vol avec violences, soit pour recel, se sera rendu coupable d'un crime ou délit de cette espèce, sera condamné, s'il s'agit d'un nouveau vol simple (art. 242), à la peine de la reclusion pendant dix ans au plus, et, s'il s'agit d'un vol qualifié (art. 243), à deux ans au moins de reclusion.

En cas de circonstances atténuantes, la peine sera de trois mois d'emprisonnement au moins, à l'égard des vols simples, et d'un an d'emprisonnement au moins à l'égard des vols qualifiés.

Art. 245. Les dispositions de l'article 244 seront appliquées, même lorsque les peines antérieures n'auront été subies qu'en partie seulement ou que remise en aura été faite pour tout ou pour partie ; mais elles ne seront point appliquées s'il s'est écoulé un laps de dix ans entre l'époque où la dernière peine aura été subie ou remise et celle où le nouveau vol aura été consommé.

Art. 250, § 5. Sera puni de cinq ans au moins de reclusion le coupable de rapine qui aura déjà été condamné par un tribunal allemand pour le même fait ou pour un crime assimilé à la rapine. Les dispositions de l'article 245 sont applicables. En cas de circonstances atténuantes, la peine ne pourra être au-dessous d'un an d'emprisonnement.

Art. 261. Quiconque, ayant été condamné par un tribunal de l'Allemagne comme recéleur, aura ensuite été puni une seconde fois pour un crime ou un délit du même genre, sera puni de deux ans au moins de reclusion en cas de nouveau recel commis à la suite soit d'un vol qualifié, soit d'une rapine ou d'un crime assimilé à la rapine. En cas de circonstances atténuantes, la peine ne pourra être inférieure à un an d'emprisonnement.

Lorsque le recel aura lieu à la suite d'une autre infraction, la peine sera celle de la reclusion pendant dix ans au plus. En cas de circonstances atténuantes, la peine sera de trois mois d'emprisonnement au moins.

Les dispositions de l'article 245 sont applicables.

Art. 264. Celui qui, après avoir été condamné par un tribunal allemand pour escroquerie, aura ensuite été puni une seconde fois pour un délit du même genre, sera, en cas de nouveau délit d'escroquerie, condamné à la reclusion pendant dix ans au plus et, en outre, à une amende de 50 à 2000 thalers (187 fr. 50 à 7500 francs). En cas de circonstances atténuantes, trois mois d'emprisonnement au moins, amende au plus de 1000 thalers (3750 francs), art. 245 applicable.

Art. 361, § 4 (contraventions). Seront punis des arrêts (privation de la liberté d'un jour à six semaines) ceux qui se livrent à la mendicité, provoquent des enfants à la mendicité ou les envoient mendier, ou ceux qui négligent de détourner de la mendicité des personnes soumises à leur puissance et surveillance et vivant avec eux.

Art. 362, § 2. Dans le cas du paragraphe 4 de l'article 361, la mise sous la surveillance de la haute police ne pourra être prononcée contre le condamné que lorsque, dans le cours des trois dernières années, il aura été plusieurs fois condamné pour la même contravention en vertu de jugements passés en force de chose jugée.

Saxe. — En dehors des cas prévus par le Code pénal allemand, il est une récidive spéciale pour les vols forestiers d'une importance d'au moins 3 thalers (11 fr. 25) et basée sur une condamnation antérieure pour vol avec violences, vol simple ou vol forestier. La peine est alors élevée jusqu'au double. Il faut que la nouvelle infraction ait été commise dans le délai d'un an depuis l'exécution de la peine.

Mecklembourg-Schwerin. — Dans le Mecklembourg il n'y a, indépendamment du Code pénal allemand, que très-peu de lois spéciales qui tiennent compte de la récidive. Il convient cependant de citer une loi de 1870, relative aux délits forestiers, par laquelle le voleur de bois, qui a déjà été condamné deux fois pour le même délit, est puni du double de la peine ordinaire, et, en cas de nouvelle récidive, d'une peine qui peut s'élever à un an d'emprisonnement.

Pays-Bas. — La loi du 29 juin 1854, modificative des articles 56, 57 et 58 du Code pénal de 1810, s'exprime ainsi, art. 11 : Si quelqu'un, après avoir été condamné auparavant soit à une peine criminelle, soit à un emprisonnement en commun de plus d'un an, ou en cellule de plus de six mois comparaît de nouveau en justice pour crime ou délit, la condamnation antérieure est considérée comme·circonstance aggravante ; cependant le juge doit, même dans ces cas, tenir compte des circonstances atténuantes (jeunesse, etc., art. 19 et 20 de la loi et 463 du Code pénal). En cas de récidive, le juge a la faculté d'augmenter les peines du bannissement, de la réclusion et de l'emprisonnement d'un tiers au-dessus du maximum (art. 12). L'article 11 est aussi applicable après une condamnation antérieure prononcée par les tribunaux militaires (loi du 3 mars 1852) pour crimes ou délits ordinaires punis par le Code pénal, mais non pour crimes ou délits d'indiscipline ou militaires.

Belgique. — La récidive fait l'objet du chapitre v (liv. Ier) du Code pénal belge. Voici quelles sont sa base et sa répression : celui qui, ayant été condamné à une peine criminelle, commet un nouveau crime emportant la reclusion, peut être condamné aux travaux forcés de dix à quinze ans. Si le second crime emporte cette dernière peine, le coupable peut être condamné de quinze à vingt ans. Il est condamné à dix-sept ans au moins de cette peine si le crime emporte les travaux forcés de quinze à vingt ans (art. 54). Si le second crime est passible de cinq à dix ans de détention, son auteur peut être condamné de dix à quinze ans ; s'il entraîne dix à quinze ans de détention, le coupable peut être condamné à la détention extraordinaire. Dans le cas où le nouveau fait est puni de cette dernière peine, le coupable est condamné à dix-sept ans au moins (art. 55). Si le second fait est un délit, le tribunal peut prononcer contre le prévenu récidiviste une peine double du maximum porté par la loi contre ce délit. Il en est de même quand le récidiviste a été condamné antérieurement, pour crime ou délit, à un an au moins d'emprisonnement (art. 56). Les règles établies pour la récidive sont appliquées en cas de condamnation antérieure prononcée par un tribunal militaire pour un fait qualifié crime ou délit par les lois pénales ordinaires et à une peine portée par ces mêmes lois. Si pour ce fait une peine portée par les lois militaires a été prononcée, les cours et tribunaux, dans l'appréciation de la récidive, n'ont égard qu'au *minimum* de la peine que le fait puni par le premier jugement pourrait entraîner d'après les lois pénales ordinaires (art. 57).

France. — D'après la loi française, la récidive *générale* est la règle et la récidive *spéciale* l'exception. La première a pour base la peine antérieure ; la seconde, le fait.

Récidive générale. — La récidive de peine criminelle à peine criminelle est prévue par l'article 56 du Code pénal, qui édicte les aggravations de peine suivant la nature de la seconde peine à prononcer.

« Quiconque, ayant été condamné à une peine afflictive ou infamante aura commis un second crime emportant comme peine principale :

« La dégradation civique, sera condamné à la peine du bannissement ;

« Le bannissement, sera condamné à la peine de la détention ;

« La reclusion, sera condamné à la peine des travaux forcés à temps ;

« La détention, sera condamné au maximum, susceptible d'être élevé jusqu'au double ;

« Les travaux forcés à temps, sera condamné au maximum, susceptible d'être élevé jusqu'au double ;

« La déportation, sera condamné à la peine des travaux forcés à perpétuité.

« Quiconque, ayant été condamné aux travaux forcés à perpétuité, aura commis un second crime emportant la même peine, sera condamné à la peine de mort.

« Toutefois l'individu condamné par un tribunal militaire ou maritime ne sera, en cas de crime ou délit postérieur, passible des peines de la récidive qu'autant que la première condamnation aurait été prononcée pour des crimes ou délits punissables d'après les lois pénales ordinaires. »

La récidive de peine criminelle à peine correctionnelle est réglée par l'article 57 : « Quiconque, ayant été condamné pour crime à une peine supérieure à une année d'emprisonnement, aura commis un délit ou un crime qui devra n'être puni que de peines correctionnelles, sera condamné au maximum de la peine porté par la loi, et cette peine pourra être élevée jusqu'au double. Le condamné sera, de plus, mis sous la surveillance spéciale de la haute police pendant cinq ans au moins et dix ans au plus. »

Le Code pénal français n'admet pas la récidive de peine correctionnelle à peine criminelle.

Enfin la récidive de peine correctionnelle à peine correctionnelle fait l'objet de l'article 58 : « Les coupables condamnés correctionnellement à un emprisonnement de plus d'une année seront, en cas de nouveau délit ou de crime qui devra n'être puni que de peine correctionnelle, condamnés au maximum de la peine portée par la loi, et cette peine pourra être élevée jusqu'au double ; ils seront de plus mis sous la surveillance spéciale du gouvernement pendant au moins cinq années et dix ans au plus. »

Le Code, eu égard à la récidive générale, ne prévoit que la première récidive et n'établit aucune distinction entre celle-ci et les récidives suivantes, sauf une seule exception relative au ministre du culte qui procède aux cérémonies religieuses d'un mariage sans qu'il lui ait été justifié d'un acte de mariage préalablement reçu par les officiers de l'état civil ; la première récidive est punie d'un emprisonnement de deux à cinq ans et la seconde de la détention.

Récidive spéciale. — Quant à la récidive spéciale (du même délit), restreinte dans les termes mêmes des lois qui la prévoient, elle n'est punie que lorsqu'elle a lieu dans le courant d'un certain délai à partir de la condamnation, par exemple *dans l'année* (c'est le cas le plus fréquent), dans les deux ans, dans les cinq ans. Il y a toutefois quelques exemples de récidives spéciales sans délai déterminé.

Portugal [1]. — La récidive est prévue par l'article 85 du Code pénal portugais.

Elle existe lorsque l'agent, ayant déjà été condamné par une sentence passée en force de chose jugée, commet une nouvelle infraction *de même nature* (crime ou délit) dans les dix ans à compter de la première condamnation.

Si la peine de la dernière infraction consiste en une peine perpétuelle, le coupable est condamné à la peine perpétuelle immédiatement supérieure. (Depuis la loi de 1867, il n'y a que deux peines perpétuelles : l'emprisonnement et la déportation.) Si elle consiste en une peine temporaire, le coupable est condamné au maximum de cette même peine.

Espagne. — Dans le Code pénal en vigueur, révisé en 1870, la récidive constitue la dix-septième des circonstances aggravantes énumérées dans l'article 10. Pour qu'elle existe, il faut que le coupable ait été antérieurement puni : 1° pour un délit (terme générique) auquel la loi assigne la même peine ou une peine plus grave, ou 2° pour deux ou plusieurs délits que la loi châtie d'une peine moins grave, ou enfin 3° pour un délit compris dans le même titre du Code.

L'effet de la récidive est celui de toutes les circonstances aggravantes, d'après les règles établies dans l'article 82 du Code pénal : s'il y a récidive sans circonstances atténuantes, les juges appliquent la peine dans son degré le plus haut ; s'il y a concours de la récidive et des circonstances

---

[1] Nous devons les renseignements relatifs au Portugal à M. le vicomte de Paiva-Manso, substitut du procureur général de la Couronne, qui, bien que n'ayant pas assisté au Congrès, a bien voulu répondre à notre questionnaire.

2

atténuantes, ils les compensent en tenant compte de leur valeur réciproque, pour l'application de la peine.

Par ses articles 524 à 527 d'une part, et 547 et 548 de l'autre, le Code pénal édicte, dans certains cas de vol, d'escroquerie, de fraude, de fausses suppositions et d'abus de confiance, une aggravation spéciale de la peine contre le coupable qui a déjà été condamné, pour le même fait, deux ou plusieurs fois en matière de vols, et une seule fois en matière d'escroquerie, de fraude, etc.

Italie. — Le Code pénal du 20 novembre 1859, qui régit la plus grande partie de l'Italie, considère (art. 118) comme récidiviste celui qui, après avoir été condamné pour crime ou délit par arrêt irrévocable, commet un autre crime ou délit. D'après le Code toscan, encore en vigueur dans le ressort des cours d'appel de Florence et de Lucques, est récidiviste celui qui, ayant entièrement expié la peine d'un délit (terme générique), tente ou consomme, comme auteur principal ou complice, un autre délit de la même espèce dans le délai : (*a*) de dix ans, s'il est libéré des travaux forcés ; (*b*) de cinq ans, s'il n'a été précédemment condamné qu'à une peine inférieure. Eu égard au point de départ du délai, la grâce totale ou partielle est assimilée à l'expiration légale de la peine. Le projet de Code pénal italien, présenté au Sénat le 24 février 1874, repose sur les mêmes principes que celui de 1859, sauf qu'il ne tient pas compte : 1° des peines prononcées par les tribunaux militaires et les tribunaux étrangers ; 2° de celles qui sont éteintes par la prescription ; 3° de toute condamnation criminelle ou correctionnelle, lorsqu'à dater du jour de l'expiration ou de l'extinction de la peine, le temps écoulé est égal à celui de la prescription.

Selon le Code toscan, lorsque la récidive n'est pas soumise à une disposition spéciale, elle fait encourir la même peine que le délit, avec une augmentation qui peut être portée jusqu'à la moitié, mais jamais jusqu'au double.

Par le Code commun, le condamné libéré des travaux forcés à perpétuité, qui commet un autre crime sujet à la même peine, est puni de l'emprisonnement de rigueur (*stretta custodia*), extensible à la durée de vingt ans. S'il commet une autre infraction passible d'une peine criminelle temporaire ou de l'emprisonnement, il est condamné à l'emprisonnement de rigueur pour un temps qui peut égaler la durée de la peine édictée pour la nouvelle infraction, mais sans excéder pourtant dix ans s'il s'agit d'un crime, et deux ans s'il s'agit d'un délit.

Le condamné à une autre peine criminelle, qui commet un nouveau crime, est puni de la peine édictée pour ce crime et augmentée d'un à deux degrés. Le condamné à une peine criminelle ou correctionnelle, qui commet un nouveau délit, subit la même aggravation, sans toutefois que la peine prononcée puisse dépasser le double de la peine légale.

Le condamné à l'emprisonnement d'un an ou plus, qui commet un crime, doit toujours voir prononcer contre lui plus que le minimum de la peine.

La prescription, la grâce, une condamnation militaire n'empêchent pas actuellement l'application de la récidive.

Grèce. — La récidive est punie par l'article 111 du Code pénal hellénique, qui est ainsi conçu : « Celui qui, déjà puni pour acte illégal, commet de nouveau le même acte, se constitue en état de récidive, état qui est considéré comme une circonstance aggravante dans l'application de la peine. »

Ainsi, la récidive est spéciale, il faut que le second fait soit le même que le précédent, mais non d'une manière absolue; il suffit qu'il y ait similitude dans les éléments constitutifs de l'infraction, par exemple : le brigandage et le vol, le faux en écriture privée et le faux en écriture authentique, etc., et réciproquement. La récidive a lieu, abstraction faite de l'intensité de l'infraction, c'est-à-dire de crime à délit, de délit à crime, etc.

La peine ne peut dépasser le maximum fixé par la loi, qu'en cas de disposition expresse. La règle : *malitia crescente, debet augeri pœna*, n'est pas admise dans la législation hellénique et la deuxième récidive n'est pas plus punie que la première, en ce sens que les tribunaux peuvent prononcer pour l'une comme pour l'autre le maximum ; toutefois le paragraphe 2 de l'article 111 porte que la peine doit être d'autant plus sévère que la récidive est plus fréquente; il en est de même si le délai entre la première et la seconde faute est court, et si la peine précédemment subie est grave.

Serbie. — L'état de récidive est prévu par le Code pénal de la principauté (tit. VII, art. 71 à 73). La base est le *fait*, mais il est nécessaire qu'il procède chez son auteur d'une intention criminelle (art. 73). La récidive est spéciale en ce sens que la première et la seconde infraction doivent être de caractère analogue, c'est-à-dire avoir pour but soit un intérêt personnel, soit une jouissance sensuelle, soit la vengeance, la méchanceté, une atteinte à la propriété, etc.

Il ressort des dispositions de l'article 71 que, si le crime suit le délit, du moment où il y a identité de nature, la récidive est applicable, *à fortiori*, en sens inverse et à égalité d'infractions.

Les tribunaux peuvent prononcer, pour la récidive, le maximum de la peine et jusqu'à moitié en sus ; ils peuvent transformer l'amende en emprisonnement et celui-ci en travaux forcés ou en détention ; mais, dans aucun cas, la condamnation ne peut excéder vingt ans de travaux forcés ou de détention, ni dix ans de réclusion.

Quand dix ans se sont écoulés depuis l'expiration de la peine précédente ou sa remise, l'état de récidive ne peut être invoqué.

Roumanie. — En Roumanie, la récidive est prévue par le Code pénal et d'une manière *générale*, sauf pour les délits politiques et de presse. Il n'y a récidive dans ce cas que lorsqu'il y a eu condamnation antérieure pour fait du même genre (loi du 1er mars 1874).

Il y a récidive de crime à crime, de crime à délit, mais non de délit à crime. Il n'y a récidive de délit à délit que lorsque la première condamnation a dépassé six mois d'emprisonnement.

Dans le premier cas (récidive de crime à crime), la peine s'élève d'un degré ; dans le second cas (récidive de crime à délit), l'aggravation consiste dans l'application du maximum de la peine prononcée par la loi pour le délit commis, et quand cette peine est le maximum lui-même, il peut être porté jusqu'au double. Dans le cas de récidive de délit à délit, l'aggravation est la même. Au cas où la récidive a lieu pendant la durée de la peine, l'aggravation est la suivante : 1° si le second fait est frappé d'une punition plus forte que le premier, on appliquera le maximum de la peine édictée pour le second fait ; 2° si le second fait est frappé d'une peine moindre, il n'y a pas d'aggravation ; toutefois, si le temps qui reste à courir pour que le détenu finisse la première peine, est moindre que la peine à laquelle il peut être condamné pour le second fait, au terme de la première condamnation, le coupable subira encore la peine encourue pour le second fait. La récidive est prescrite, quand il s'est écoulé dix ans entre l'achèvement de la peine précédente et le second crime ou délit.

CHAPITRE II

DES MOYENS DE RECHERCHE ET DE CONSTATATION
DE LA RÉCIDIVE

Grande-Bretagne. — La reconnaissance des prisonniers par les officiers de police,et ceux des prisons dans lesquelles ils ont été antérieurement incarcérés, est le seul moyen de constater l'état de récidive d'un prévenu. Les prisonniers convicts sont photographiés dans les prisons, et un bureau est établi à Londres pour l'enregistrement des criminels, de leurs convictions antérieures, etc., sous les ordres du commissaire de police de la métropole. Des bureaux semblables sont établis à Dublin et à Edimbourg.

Danemark. — Pour connaître les antécédents du prévenu, le juge d'instruction recueille des renseignements, soit en s'adressant directement aux autorités compétentes, soit en consultant le bulletin de la police, feuille confidentielle que la préfecture de Copenhague fait imprimer plusieurs fois par semaine pour la distribuer à tous les tribunaux où sont tenus des registres sur les condamnés de leur ressort.

Norwège. — Il n'existe aucun procédé légal pour rechercher si une personne accusée d'un crime a été punie auparavant. On a recours à des témoins, à des enquêtes faites en secret par la police et aux procès-verbaux de justice. La preuve d'une condamnation antérieure ne se fait que par la production d'une expédition de l'arrêt portant que la peine a été subie.

Suède. — Pour constater l'état de récidive, le tribunal est tenu de se procurer, avant ou au commencement de l'instruction, un certificat du clergé de la paroisse d'origine ou de domicile de l'accusé sur sa conduite antérieure et son passé judiciaire. Afin de tenir au courant les pasteurs respectifs, les tribunaux sont obligés, lorsqu'un individu a été condamné à une peine quelconque, d'en informer le clergé. Il est tenu dans chaque établissement pénitentiaire un registre où sont insérés les noms, prénoms, état social, etc., des prisonniers, ainsi que toutes les infractions pour lesquelles ils ont été condamnés et les peines qu'ils ont subies. Les tribunaux et les chambres de police font également tenir des registres semblables et si les renseignements fournis par le clergé donnent lieu à des doutes sur la question de la récidive, on a recours à ces registres.

Russie. — Le système russe consiste dans la concentration au ministère de la justice des renseignements relatifs aux antécédents judiciaires des inculpés et dans l'impression de registres alphabétiques qui sont transmis mensuellement aux tribunaux répressifs. A la fin de chaque année, il est dressé un répertoire alphabétique qui contient les noms et prénoms de tous les individus jugés pendant l'année et permet, à l'aide d'un numéro de renvoi, de retrouver dans les registres précédemment établis, les indications nécessaires à la confection des états de récidives.

Autriche. — La récidive et toute punition antérieurement encourue sont constatées au moyen de tableaux de renseignements, prescrits par la décision (verordnung) ministérielle du 5 mars 1853 et qui sont communiqués par le tribunal de la condamnation aux autorités politiques ou de police du lieu où siége ce tribunal, et par ces autorités à celles du lieu de la naissance du condamné.

Hongrie. — La déclaration de l'inculpé est le seul moyen que les magistrats aient à leur disposition pour constater l'état de récidive, sauf en cas de second crime ; alors, les pièces du premier procès sont jointes à celles du second, et encore faut-il que ce soit dans le ressort du même tribunal.

Suisse. — Les procédés varient suivant chaque canton. Les uns ont adopté le système des casiers, d'autres celui des registres, d'autres enfin se servent des contrôles de police tenus par les communes d'origine. Les lois ne contiennent aucune disposition à cet égard ; le législateur a pensé, sans doute, que l'exiguïté du territoire ne permettrait pas au juge de se tromper sur l'identité du délinquant.

Prusse. — Les peines précédentes ne peuvent être établies que par les juges d'instruction en faisant, au cours de l'information, des réquisitions aux autorités de police ou de justice. Il n'y a pas de contrôle central, pas de casiers judiciaires, pas de registres.

Bavière. — La Bavière possède l'institution des notices individuelles de condamnation. Voici en quoi elle consiste :

Le ministère public doit, aussitôt qu'une personne originaire de la circonscription du tribunal est condamnée pour un des faits désignés dans le paragraphe suivant, ouvrir pour elle et tenir au courant une notice de condamnation.

On inscrit sur cette notice tous les jugements de condamnation pour crimes ou délits — en cas d'offenses (injures ou diffamation, sans doute), seulement quand il y a eu peine privative de liberté — ou pour contraventions graves.

Quand une personne est condamnée par un tribunal de ville ou de pays autre que celui d'origine, il en est donné connaissance au ministère public près le tribunal d'origine, afin qu'il en fasse mention dans la notice. Celui-ci y indique également si la peine a été subie ou remise par voie de grâce.

Les condamnations prononcées par les tribunaux de district (bezirksgerichte), par les jurys, par les autorités militaires et par les tribunaux étrangers, sont aussi relevées sur ces notices. (La France transmet périodiquement des bulletins constatant les condamnations prononcées par ses tribunaux contre des Bavarois, et réciproquement.)

Enfin, les notices nouvelles ou les mentions additionnelles aux anciennes sont communiquées tous les mois à l'autorité administrative quand celle-ci est représentée par un magistrat immédiatement subordonné au gouvernement du cercle (kreisregierung), à charge d'un renvoi aussi prompt que possible.

Saxe. — Les condamnations prononcées par les tribunaux répressifs sont portées à la connaissance des autorités du lieu d'origine ou de domicile du condamné.

Wurtemberg. — Des copies de tous les jugements de condamnation sont, par les soins des tribunaux, envoyées au magistrat du lieu de naissance ou du domicile du condamné ; elles sont conservées sur les registres de la police locale. A l'aide de ces copies, on rédige et on tient au courant une liste alphabétique des condamnés. (Décision des ministres de l'intérieur et de la justice du 11 mars 1872.)

Hesse-Darmstadt. — L'existence des récidives est indiquée : 1° par des notes complémentaires sur les registres des parquets et des chancelleries (greffes) ; 2° par des rapports de notoriété émanant des tribunaux locaux, auxquels sont notifiés les jugements qui interviennent contre leurs justi-

ciables et qui sont chargés de tenir registre des condamnations ; 3° par
des attestations des bourgmestres ou autres autorités du lieu de naissance
des accusés. La constatation a lieu au moyen d'extraits de jugements et
de certificats établissant que la peine a été subie.

Mecklembourg-Schwerin. — D'après la loi de 1848, toute sentence
pénale doit être portée, par le juge qui la prononce, à la connaissance du
magistrat de l'endroit où l'inculpé est domicilié. C'est donc en recourant
à ce dernier magistrat qu'en cas de nouvelles poursuites, l'autorité judiciaire doit s'adresser pour constater la récidive. En outre, les condamnations prononcées par le principal tribunal criminel du pays (le collége
criminel de Butzow, qui juge les crimes et les délits les plus graves) sont
publiées par une feuille officielle.

Grand-Duché de Bade. — Il est donné connaissance de toute condamnation à l'autorité de la police de la commune d'origine (à l'avenir, probablement, de la commune du domicile).

Pays-Bas. — Comme il n'existe dans les Pays-Bas ni casiers judiciaires,
ni registres périodiques, la constatation de la récidive y est très-défec-
tueuse et dépend entièrement de la rumeur publique et de la déclaration
du coupable. La plupart des récidivistes échappent à l'aggravation de la
peine, n'étant reconnus qu'après condamnation et dans les prisons par
d'anciens complices. Malgré l'insuffisance des moyens de recherche, il
résulte de la statistique des prisons que de jour en jour l'état de récidive
a été mieux établi en temps utile. En effet, pour les individus détenus
dans les maisons de reclusion, avant 1853, le nombre proportionnel des
récidives constatées avant la deuxième condamnation, n'avait été que de
63 pour 100 ; il s'est élevé, de 1869 à 1871, année moyenne, à 80 pour 100.
Pour les détenus des maisons d'arrêt et de sûreté, les proportions corres-
pondantes sont de 23 à 32 pour 100, et pour les détenus des maisons
d'arrêt de 30 à 55 pour 100.

France. — En matière criminelle et correctionnelle, l'état de récidive
se constate à l'aide du système des casiers judiciaires dont voici, en deux
mots, le mécanisme : toutes les condamnations prononcées par les cours
et tribunaux de répression (sauf ceux de simple police), sont relevées sur
des bulletins individuels, qui sont transmis au parquet du tribunal de
l'arrondissement du lieu de naissance, si le prévenu est né en France, ou
au ministère de la justice (bureau de la statistique), s'il est né à l'étranger,
aux colonies, ou si son origine n'a pu être constatée légalement sur les

actes de l'état civil. Ces bulletins sont alphabétiquement classés, soit au greffe de chaque tribunal d'arrondissement dans des boîtes ou casiers, soit au casier central établi au bureau de la statistique du ministère de la justice. Chaque fois qu'un individu est poursuivi pour crime ou délit, le ministère public doit demander à l'autorité compétente un extrait du casier d'arrondissement ou du casier central ; cet extrait contient le relevé de tous les bulletins des condamnations précédentes ou est négatif, suivant les cas. Cet extrait est joint au dossier, de sorte que les juges chargés de prononcer sur les nouvelles poursuites, ont toujours sous les yeux la biographie judiciaire du prévenu et peuvent statuer en connaissance de cause, tant au point de vue légal qu'au point de vue moral.

Ce système, proposé par M. Bonneville de Marsangy, aujourd'hui conseiller honoraire à la Cour d'appel de Paris, est appliqué, depuis 1850, pour les casiers judiciaires d'arrondissement, et depuis 1855, pour le casier central. L'expérience que vient de faire, pendant un quart de siècle, l'administration de la justice, assure à cette institution une force qui la rend indestructible.

Il suffit, pour démontrer l'efficacité des casiers judiciaires, de citer les chiffres suivants, extraits de la statistique officielle. Nombre moyen annuel des récidivistes, de 1841 à 1850 : 19302 ; de 1851 à 1855 : 34901, et de 1856 à 1860 : 42255. Il résulte du même document que l'augmentation porte principalement sur les libérés de l'emprisonnement et sur les récidivistes qui avaient été précédemment condamnés à l'amende seulement ; de la première à la troisième période ci-dessus, le nombre de ces derniers a décuplé, et celui des premiers plus que doublé. Ces casiers judiciaires aident donc puissamment la justice dans ses investigations, et ils ont beaucoup contribué à abréger la durée des procédures criminelles.

Portugal. — Les casiers judiciaires, sous le nom de « registo criminal », ont été récemment établis en Portugal. Ils fonctionnent déjà dans les colonies depuis dix ans.

Espagne. — On s'enquiert de la récidive et on la constate par les registres des prisons et par ceux des villes où le récidiviste a résidé, ainsi qu'au moyen des antécédents qui sont constatés dans les bureaux de surveillance publique ou de police.

Italie. — La récidive se constate par les *casiers judiciaires*, institués par les soins du commandeur Ambrosoli, sur le modèle de ceux qui existent en France.

Grèce. — La seule preuve admise pour constater la récidive est le jugement ou l'arrêt précédent.

Serbie. — L'article 143 prescrit au magistrat chargé de l'instruction, de demander toujours au prévenu s'il a été précédemment l'objet d'une instruction, d'un jugement ou d'une condamnation, lors même qu'il en aurait déjà eu connaissance. La loi ne renferme pas d'autre prescription pour la recherche de la récidive.

Roumanie. — Les casiers judiciaires ne sont pas encore établis d'une façon générale et régulière ; mais cet état de choses va cesser.

CHAPITRE III

ÉTAT DE LA STATISTIQUE EN EUROPE SUR LA RÉCIDIVE

Grande-Bretagne. — Dans les *Statistiques judiciaires*, préparées avec un zèle si éclairé par M. Leslie, *secretary of state's office*, il y a un tableau donnant le nombre des récidivistes arrêtés dans l'année, leur sexe, le nombre des arrestations antérieures de chaque prisonnier repris et le nombre de ceux qui, antérieurement convicts, avaient été condamnés à la servitude pénale. Pendant l'année 1871, il a été incarcéré, en Angleterre et dans le pays de Galles, 160 934 individus dont 119 328 hommes (74 pour 100) et 41 606 femmes (26 pour 100). Plus d'un tiers de ces inculpés, 57 884 ou 36 pour 100, avaient déjà été arrêtés, savoir : 21 803 une fois, 10 147 deux fois, 5 640 trois fois, 4 350 quatre fois, 3 042 cinq fois, 3 883 six ou sept fois, 3 341 huit, neuf ou dix fois, 5 678 plus de dix fois. Il est à remarquer que le nombre proportionnel des récidivistes femmes est plus élevé que celui des récidivistes hommes ; le premier est de 47 pour 100, tandis que le second n'est que de 32 pour 100. On comptait parmi ces 160 934 individus 1 076 inculpés qui avaient précédemment subi la transportation ou la servitude pénale.

Danemark. — La statistique officielle contient des tableaux relatifs à la récidive pour vols, recels et escroqueries, ainsi que pour la plupart des délits. Les tableaux les plus récents embrassent la période de 1866 à 1870. L'inspection générale des prisons a publié des rapports dont le dernier comprend la période du 1er avril 1863 au 31 mars 1868. Mais, quoique ces rapports attestent le soin et l'attention minutieuse avec lesquels l'administration observe et traite les prisonniers individuellement et en général, il est évident que les renseignements qu'ils donnent ne peuvent avoir de valeur décisive pour une statistique comparative des récidivistes, le régime cellulaire, commencé en 1860, n'ayant encore qu'une trop courte existence et la loi pénale de 1866 ayant apporté des modifications notables dans l'application des peines, sans que l'effet de ces changements ait été suffisamment constaté. Quoi qu'il en soit, voici, pour la période de 1866 à 1870, les chiffres de la statistique officielle que M. Sager, juge à Langeland, a bien voulu joindre à ses réponses à notre questionnaire. Le nombre total des individus condamnés, pour toute espèce d'infractions, a été de 14 488 dont 10 461 hommes (72 pour 100) et 4 027 femmes (28

pour 100). De ces 14488 inculpés condamnés, 8725 (hommes : 6350 ou
73 pour 100 ; femmes : 2375 ou 27 pour 100) l'ont été pour vol. Parmi
eux on comptait 2320 récidivistes, c'est-à-dire un peu plus du quart :
26 pour 100. Au point de vue du sexe les 2320 récidivistes se classent
ainsi : 1755 hommes (76 pour 100) et 565 femmes (24 pour 100). Près des
six dixièmes d'entre eux : 1373 ou 59 pour 100 n'avaient subi précédemment qu'une condamnation ; 573 en avaient subi deux et 374 plus de deux.
En matière d'escroquerie, la récidive ne dépasse pas 15 pour 100 :
220 repris de justice sur 1420 condamnés ; mais ici la proportion est
plus forte pour les femmes (17 pour 100) que pour les hommes (15 pour 100).
Pour le recel, on ne relève que 48 récidivistes sur 497 condamnés, c'est
10 pour 100 ; la récidive est, dans l'espèce, plus fréquente chez les
hommes que chez les femmes (14 pour 100 d'une part et 6 pour 100 de
l'autre).

Norwége. — La statistique officielle de Norwége contient deux tableaux
relatifs à la récidive. L'un indique combien de personnes ont été condamnées pour vol simple, combien en première récidive, combien en
deuxième, en troisième et ainsi de suite. L'autre fait connaître combien de
prisonniers, placés dans les établissements de travaux forcés, ont été
condamnés pour la première fois, combien pour la seconde fois, etc.,
mais sans parler de la nature des infractions commises.

Suède. — La statistique officielle des prisons indique, par année et
sommairement, pour tout le royaume : 1° le nombre de tous les prisonniers, délinquants ou vagabonds qui ont subi auparavant la peine des
travaux forcés ; 2° celui des individus condamnés pour première,
deuxième, troisième, etc. récidive de vol, et parmi les premiers (condamnés pour première récidive), ceux qui ont subi leur peine précédente en
cellule, et, en dernier lieu, le laps de temps, en années, qui s'est écoulé
depuis la consommation de la peine en cellule jusqu'au fait qui a donné
lieu à la seconde poursuite.

Dans les comptes rendus annuels de l'administration judiciaire, le ministre d'Etat et de justice présente : 1° un tableau indiquant le nombre des
accusés condamnés pour vol en première, deuxième, troisième, etc. récidive, dans les campagnes ou dans les villes de chaque gouvernement,
dans le ressort de chaque cour supérieure et dans tout le royaume ;
2° un autre tableau donnant le nombre et le sexe des individus condamnés, en première instance, pour récidive d'infractions graves et contenant un rapprochement entre les nouveaux crimes imputés à ces
condamnés et les infractions qui avaient motivé leur première condam-

nation, l'état civil, les connaissances religieuses, le degré d'instruction et les moyens d'existence de ces mêmes condamnés.

Deux tableaux, relatifs à l'année 1871, que nous devons à l'obligeance de M. Gyllenskiöld, chef du bureau de la statistique au ministère de la justice, fournissent les indications ci-après :

Récidive générale. — Sur 2116 accusés ou prévenus condamnés, 878 ou 41 pour 100 étaient en récidive. Sous le rapport du sexe, la proportion est de 43 pour 100 pour les hommes (770 sur 1 774) et de 32 pour 100 pour les femmes (108 sur 342). Les deux cinquièmes des récidivistes (367) ont été condamnés, la première et la dernière fois, pour faits de même espèce.

Récidive légale et spéciale (vol). — Ont été condamnés en 1871, pour vol, 1408 individus dont 669 (48 pour 100) dans les campagnes et 739 (52 pour 100) dans les villes. Parmi les 1408 condamnés, 643 étaient en récidive : campagnes, 311 ou 46 pour 100 ; villes, 332 ou 45 pour 100. Plus de la moitié, 349 (54 pour 100) étaient en première récidive, 179 en deuxième, 89 en troisième et 26 en quatrième.

Russie. — En Russie, la statistique criminelle est faite à l'aide de bulletins nominatifs qui indiquent notamment si le prévenu est en état de récidive, à quelle peine et quand il a été condamné antérieurement. Le compte rendu du ministère de la justice, pour 1872 (procès commencés pendant cette année), constate que, sur 31 331 prévenus du sexe masculin et 5 037 du sexe féminin, il y en avait, en état de récidive, 2 500 des premiers (8 pour 100) et 329 des secondes (6 pour 100).

Autriche. — Les tableaux statistiques introduits par décision du ministre de la justice du 25 novembre 1858 et qui ont été en usage jusqu'à la fin de l'année 1873, comportaient, quant aux renseignements personnels sur les individus condamnés pour crimes et délits, sous le titre : *Vie antérieure*, les mentions suivantes : « Non encore condamné, déjà condamné une ou plusieurs fois pour délit ou contravention, pour crime. » La décision du 19 novembre 1873, pour l'exécution de la nouvelle loi de procédure criminelle du 23 mai de la même année, a reproduit pour ainsi dire textuellement ces mentions.

Le nombre des récidivistes en général (c'est-à-dire ceux qui ont à leur charge une récidive proprement dite aussi bien que ceux qui ont été antérieurement condamnés pour un crime ou pour un délit et qui, depuis, ont eu à subir dans un établissement pénitentiaire une peine pour crime) se monte, d'après la moyenne des années 1868 à 1871, à 59 pour 100 pour les hommes et à 51 pour 100 pour les femmes. Celui des récidivistes, dans les maisons de détention des cours de justice est inconnu, à raison de l'absence de statistique à leur égard.

Hongrie. — La statistique officielle publie quelques tableaux relatifs à la récidive, notamment le tableau D de la statistique criminelle et le tableau n° IV de la statistique des pénitenciers. Le premier indique le nombre des individus jugés après avoir été précédemment condamnés pour contravention, délit ou crime, en faisant connaître, à l'égard de cette dernière infraction, si la première et la dernière sont de même nature ; mais il ne précise pas le nombre de fois que les récidivistes ont été condamnés. Le second fournit les mêmes renseignements, mais il distingue, pour les crimes, la première récidive des suivantes.

Suisse. — Il n'existe, jusqu'à ce jour, aucun tableau statistique embrassant la Suisse entière et émanant d'une autorité fédérale. La Société suisse, pour le régime pénitentiaire, travaille depuis quelque temps à combler cette lacune. Dès qu'elle aura obtenu les rapports officiels de tous les directeurs de pénitenciers, elle s'empressera d'en coordonner les résultats et de publier une statistique générale des prisons qui donnera satisfaction à toutes les exigences. On trouve bien, dans la plupart des cantons, des résumés annuels ou périodiques sur l'administration de la justice pénale, mais ils s'écartent tellement l'un de l'autre, les indications qu'ils renferment sont si différentes, que l'on chercherait vainement à en tirer profit pour le moment ; il vaut mieux attendre.

Il résulte cependant du rapport de M. le docteur Guillaume, en réponse au questionnaire du comité organisateur du congrès de Londres, que, malgré les défectuosités de la statistique, on peut évaluer, en moyenne, de 30 à 45 pour 100 le chiffre proportionnel des récidivistes dans les cantons où le système pénitentiaire laisse à désirer, et de 19 à 25 pour 100 celui des cantons dont les pénitenciers sont bien organisés.

Prusse. — La statistique judiciaire de Prusse fait mention de la récidive. Les dernières données datent de 1870 et ont été dressées d'après le Code pénal de 1851, abrogé le 1er janvier 1871. La récidive s'appliquait à toutes les infractions, mais elle était spéciale en ce sens qu'elle n'avait lieu que du même fait au même fait et elle se prescrivait par dix ans.

Le document officiel fait connaître combien de fois les récidivistes ont été poursuivis, combien de temps après leur libération ils ont été repris.

Dans la statistique des assises prussiennes pour 1871, également élaborées au ministère de la justice, il y a des données sur les vols graves commis par des récidivistes, mais ce sont les seules.

Bavière et Saxe. — La statistique officielle ne contient aucune indication sur la récidive.

Wurtemberg. — La statistique judiciaire ne parle pas de la récidive ; mais des tableaux, publiés à part, fournissent les renseignements suivants, relativement aux récidivistes, c'est-à-dire à ceux qui avaient antérieurement subi une peine de prison de cercle (kreisgefaügniss), de détention (festungsanest) ou une peine plus élevée. Sur 2146 individus incarcérés du 1er juillet au 30 juin 1872, dans les divers établissements pénitentiaires, 809 ou 38 pour 100 avaient déjà été condamnés, savoir : 316 une fois et 493 plusieurs fois. L'année précédente, la proportion des récidivistes n'avait été que de 36 pour 100. Parmi les 1182 détenus présents au 30 juin 1872, on comptait 764 récidivistes, c'est-à-dire 65 pour 100, près des deux tiers.

Hesse-Darmstadt. — Les rapports officiels sur l'administration pénitentiaire, depuis le 1er janvier 1871, fournissent, à l'égard des récidivistes, les indications suivantes : sur 2810 individus reconnus coupables de vol simple (diebstahl), 508 ou 18 pour 100 avaient été précédemment condamnés pour le même fait. En matière d'escroquerie (betrug) la proportion n'est que de 9 pour 100.

Mecklembourg-Schwerin. — Il n'existe pas encore de statistique judiciaire dans le Mecklembourg, mais il en sera bientôt organisé une et il est hors de doute qu'elle tiendra compte de la récidive.

Grand-duché de Bade. — Le seul renseignement que fournisse la statistique officielle consiste dans l'indication du nombre des condamnations antérieures subies par les individus qui entrent dans les maisons centrales de détention.

Pays-Bas. — La statistique criminelle, en donnant le nombre des récidivistes d'après le jugement ou l'arrêt de condamnation, distingue pour les cours provinciales (cours d'assises) les individus en libérés de peines criminelles et libérés de l'emprisonnement de plus d'un an ou de six mois en cellule. Pour les tribunaux d'arrondissement, on a ajouté une troisième division pour les prévenus qui n'avaient été précédemment condamnés que pour contravention ; mais elle reste le plus souvent en blanc. En ce qui concerne les accusés ou prévenus antérieurement condamnés par des cours ou tribunaux militaires, on a soin de séparer la récidive de crime ou délit ordinaire de la récidive de crime ou délit militaire.

Mais la statistique des prisons est plus explicite. Elle indique le nombre de fois que les détenus récidivistes ont été condamnés, elle fait connaître si l'état de récidive a été connu avant ou après la condamnation en cours d'exécution, elle mentionne les grâces ou réductions de peine, enfin elle distingue les condamnés qui avaient subi leur précédente condamnation en cellule, de ceux qui n'avaient été soumis qu'au régime en commun.

Belgique. — La statistique criminelle de Belgique fournit sur les récidivistes (accusés et prévenus) d'intéressantes indications. On y trouve la nature de la peine précédemment subie, le nombre des condamnations antérieures, la nature des faits qui ont motivé les nouvelles poursuites et le résultat de celles-ci. De 1861 à 1867, il a été jugé, par les cours d'assises, 1225 accusés dont 573 (47 pour 100) étaient en état de récidive. Pendant la même période, les tribunaux correctionnels ont vu comparaître devant eux 172233 prévenus, parmi lesquels on ne comptait *que* 12440 *récidivistes ou 7 pour* 100. N'ayant pas reçu de réponse au sujet du mode de recherche et de constatation de la récidive en Belgique, nous avons pris les chiffres ci-dessus dans la statistique officielle et nous les publions sans commentaires.

France. — Dès 1826, la statistique judiciaire a fourni, sur la récidive, des indications précieuses. Il importe d'abord de constater que, dans ce document, la récidive y a toujours été envisagée dans son sens le plus large, permettant ainsi de tirer des inductions tant morales que juridiques. Ces études ont pour base le rapprochement de *tous* les antécédents criminels ou correctionnels, si peu grave que soit la condamnation, avec *toutes* les poursuites nouvelles, quelle qu'en soit l'issue [1]. La publication française ne limite donc pas ses renseignements à telle ou telle juridiction ou à telle ou telle peine corporelle ; elle ne laisse échapper, grâce aux casiers judiciaires, ni une condamnation antérieure, même à l'amende seulement, ni une comparution nouvelle devant la justice.

Les recherches de la statistique judiciaire en France, au point de vue de la récidive, ont été chaque jour en se développant. Après n'avoir donné que la nature des peines précédemment subies par les récidivistes et les nouvelles infractions commises par eux, avec le résultat des dernières poursuites, elle a présenté ensuite les mêmes récidivistes classés suivant leur sexe, leur âge, le nombre de fois qu'ils avaient été condam-

---

[1] Il a été ainsi procédé jusqu'en 1870 inclusivement; mais, à partir de 1871, la récidive n'a été indiquée que pour les accusés ou prévenus condamnés sur les nouvelles poursuites. Il est, en effet, plus rationnel de ne pas considérer comme des récidivistes les individus acquittés en dernier lieu.

nés, le nombre de tribunaux devant lesquels ils avaient comparu, la nature du premier et du dernier fait imputé, etc., etc.

Le nombre proportionnel des récidives n'a cessé, depuis 1826, de suivre un mouvement progressif. De 10 pour 100 en 1826, celui des accusés récidivistes est aujourd'hui de 42 pour 100, et celui des prévenus récidivistes, qui n'était que de 7 pour 100 en 1828, s'élevait, en 1869, à 38 pour 100.

Les femmes entrent pour un dixième seulement dans le nombre des repris de justice.

Sur 100 individus repris, 1 est libéré des travaux forcés, 2 sont libérés de la reclusion, 20 de l'emprisonnement de plus d'un an, 64 de l'emprisonnement de moins d'un an et 13 n'avaient encouru, précédemment, que des peines pécuniaires. Si le nombre des forçats repris est si faible, cela tient à la loi sur la transportation qui astreint à une résidence perpétuelle dans la colonie ceux qui sont condamnés à huit ans au moins de travaux forcés.

Au point de vue du nombre de fois que les récidivistes jugés chaque année ont été antérieurement condamnés, la statistique les classe ainsi : n'ayant subi qu'une seule condamnation, 45 pour 100 ; ayant subi deux condamnations, 20 pour 100 ; trois, 11 pour 100 ; quatre, 7 pour 100 ; cinq, 4 pour 100 ; six, 3 pour 100 ; sept, 2 pour 100 ; huit, 2 pour 100 ; neuf, 1 pour 100 ; dix et plus, 5 pour 100.

Plus de la moitié des récidivistes (53 pour 100) conservent leur département d'origine et, parmi eux, les huit dixièmes ne quittent même pas leur arrondissement de naissance ; les autres ont été condamnés par un nombre de tribunaux qui varie de 1 à 25, 30 et même 34.

Sous le rapport de l'âge, à l'époque de la première condamnation, on constate que, sur 1 000 récidivistes, 67 ont commis leur première infraction avant seize ans, 204 entre seize et vingt et un ans, 284 entre vingt et un et trente ans, 215 entre trente et quarante ans, 206 entre quarante et soixante ans, 12 entre soixante et soixante-cinq ans, 8 entre soixante-cinq et soixante-dix ans, et 4 après soixante-dix ans.

54 récidivistes sur 100 sont accusés ou prévenus de crimes ou de délits contre les personnes et l'ordre public (mendicité, vagabondage, infraction au ban de surveillance, etc.), et 46 pour 100 de crimes ou délits contre les propriétés (vol, etc.). Les voleurs et les vagabonds forment plus du tiers du nombre total des récidivistes.

Le même fait était imputé, la première et la dernière fois, à 37 récidivistes sur 100. Mais, si l'on distingue les attentats contre les personnes et l'ordre public, des crimes et délits contre les propriétés, on trouve, pour le premier ordre de faits, une proportion de 53 pour 100, et, pour le second, une proportion de 20 pour 100.

Nous ne voulons pas multiplier à l'infini les citations; nous nous bornerons, en terminant, à signaler le nombre proportionnel des accusés récidivistes complétement illettrés : 42.pour 100.

Portugal. — La statistique judiciaire du Portugal contient les mêmes tableaux que celle de la France.

Espagne. — M. Manuel Cortina, ancien ministre de l'intérieur, bâtonnier de l'ordre des avocats de Madrid, qui a bien voulu nous fournir sur l'Espagne les indications de ce mémoire, a extrait de la statistique publiée en 1865 par le ministère de la justice et relative à l'année 1861, les renseignements suivants :

Pendant l'année 1861, les tribunaux de juridiction ordinaire, dans le territoire de la Péninsule et dans les îles adjacentes (Baléares et Canaries), ont condamné 22 894 délinquants, savoir : 19 856 hommes et 3 038 femmes. Étaient récidivistes : 3 481 hommes (18 p. 100) et 337 femmes (11 p. 100). — Coupables de récidive dans le même délit, 1 569 ; dans les délits de nature différente, 2 249. La récidive spéciale se produit surtout en matière de « hurto » (vol à la dérobée) : 933, et de lésions : 429.

Italie. — La statistique pénale du royaume d'Italie présente les récidivistes classés suivant : 1° le nombre de fois qu'ils ont été condamnés ; 2° la nature générale de l'infraction qu'ils avaient précédemment commise ; 3° les peines antérieures. Elle indique en outre si celles-ci avaient été complétement subies.

En 1870, sur 49 382 accusés ou prévenus condamnés, 2 737 étaient poursuivis pour plusieurs infractions et 6 981 étaient en récidive. Ce dernier chiffre n'est, par rapport au premier, que dans une proportion de 14 pour 100.

De ces 6 981 récidivistes, 1 127 avaient été antérieurement condamnés pour crimes et 5 854 pour délits.

4 846 avaient subi une seule condamnation, 1 419 en avaient subi deux et 716 trois et plus.

Leurs méfaits précédents avaient porté atteinte, pour 1 496 d'entre eux, à l'ordre public ; pour 308, aux bonnes mœurs ; pour 2 254, aux personnes et 2 923 aux propriétés.

Ils étaient libérés : 6 de la peine de mort commuée, 16 de peines perpétuelles réduites ou transformées, 190 de travaux forcés à temps, 531 de reclusion, de travaux forcés à temps ou de relégation, 5 515 de l'emprisonnement et 723 d'autres peines.

La peine précédente avait été complétement subie par 6530 récidivistes, elle ne l'avait pas été du tout ou elle ne l'avait été qu'en partie
par 427, graciés ou amnistiés ; quant aux 24 autres, ils s'étaient
évadés.

Grèce et Serbie. — Il n'existe pas encore de statistique judiciaire dans
ces pays.

Roumanie. — La statistique officielle contient bien quelques tableaux
relatifs à la récidive, mais, par suite du défaut de casiers judiciaires ré-
gulièrement tenus, ses indications sont encore très-incomplètes.

CHAPITRE IV

LÉGISLATION DU RÉGIME PÉNITENTIAIRE.

Grande-Bretagne. — Le régime pénitentiaire est réglé partie par la loi, partie par les règlements administratifs sur les prisons. Il consiste dans le régime cellulaire, l'obligation stricte du silence parmi les prisonniers lorsqu'ils sont réunis, et divers genres de travaux.

Les convicts condamnés à la servitude pénale subissent leur peine dans les *prisons de convicts* du gouvernement ; les convicts condamnés à l'emprisonnement, avec ou sans travail forcé, dans la prison du comté, ou du bourg, selon le lieu où l'offense a été commise.

La peine de la servitude pénale peut être prononcée pour la vie ou pour des périodes variant de cinq à vingt ans. La loi ne permet pas de descendre au-dessous de cinq ans. La peine de l'emprisonnement excède rarement deux ans. Selon la nature de l'offense, sa durée varie entre quelques jours et deux ans.

Le système de la libération préparatoire existe en Angleterre depuis 1853 et en Irlande depuis 1857.

Danemark. —Les peines sont : la mort, les travaux forcés, l'emprisonnement et la peine corporelle pour les enfants âgés de moins de dix-huit ans.

Travaux forcés. — On distingue deux catégories, déterminées, non par la nature des faits, mais par les individualités des condamnés et la durée de la peine. L'une de ces catégories se compose de jeunes criminels et des moins dépravés, récidivistes ou non. Les condamnations de cette catégorie sont de huit mois à six ans ; elles peuvent être aggravées exceptionnellement en certains cas de cumul.

Le régime ordinaire est la cellule, conformément au système de Philadelphie ; cependant ceux qui ne peuvent pas supporter l'isolement travaillent en commun. Tous les prisonniers sont séparés pendant la nuit. La différence entre les travaux forcés en commun et les travaux forcés en isolement est réglée de cette façon que la peine de huit mois en commun est, pour l'isolement, réduite d'un quart ; la peine plus forte, pour les trois premières années, d'un tiers, et pour le reste, de la moitié. Personne ne doit rester isolé plus de trois ans et demi. L'autre catégorie de travaux forcés s'applique à tous les criminels condamnés à une peine de plus de six ans et à ceux qui, bien que condamnés pour un moins long temps, sont réputés presque incorrigibles : on y comprend donc les récidivistes les plus endurcis. La durée de la peine subie, dans cette catégorie, varie de deux ans à la perpétuité. Ordinairement les prisonniers ont chacun leur cellule de nuit, mais ils passent la journée, en nombre restreint, dans des ateliers communs. L'isolement complet n'est infligé que comme correction passagère ; toutefois il est permis au prisonnier de subir le commencement de sa peine dans l'isolement, s'il le préfère aux travaux en commun.

Il y a en Danemark quatre grands établissements de travaux forcés, un à Copenhague pour les femmes, un en Seeland construit selon le système de Philadelphie, pour les hommes, et deux en Jutland. Le régime de ces établissements est réglé par des ordonnances et suivant ce principe que le prisonnier peut améliorer sa condition par sa bonne conduite et par son assiduité au travail, d'après une gradation prescrite. C'est ainsi qu'il passe, avec des améliorations progressives sous tous les rapports, par quatre différentes classes, d'une durée, la première d'au moins trois mois, la deuxième d'au moins six mois et la troisième d'au moins une année. Pour l'exécution de la peine des travaux forcés en commun, il a été établi une gradation semblable, mais un peu plus compliquée.

Emprisonnement. — Cette peine est subie dans une maison de détention, mais avec un régime qui varie suivant la durée : quand la peine ne dépasse pas trente jours, le condamné est au pain et à l'eau, sauf pendant certains jours déterminés par la loi ; quand elle va jusqu'à six mois, le prisonnier reçoit la nourriture prescrite par le règlement ; enfin, quand elle atteint deux ans, le détenu est libre de se procurer lui-même une nourriture meilleure que celle de l'ordinaire de la prison.

Norwége. — En dehors de quelques règles spéciales aux offenses militaires, la loi norwégienne a fixé comme peines : (*a*) l'arrestation ; (*b*) l'emprisonnement ; (*c*) les travaux forcés.

La durée de l'*arrestation* varie de trente-deux à deux-cent quarante jours. Il est permis au condamné de se procurer un régime meilleur que celui qu'impose le règlement. Il a le droit de subir sa peine en cellule si les circonstances le permettent : rien ne s'oppose à ce qu'il occupe la même cellule avec un autre prisonnier, si celui-ci y consent.

L'*emprisonnement* a deux degrés ; 1° avec la nourriture ordinaire des prisons (de seize à cent vingt jours) ; 2° au pain et à l'eau (de quatre à trente jours), avec nourriture ordinaire de cinq jours en cinq jours. L'emprisonnement est toujours cellulaire. Le condamné doit subir le régime de la prison. Le travail n'est pas obligatoire, mais il est mis à la portée de tous les détenus.

Les *travaux forcés* sont temporaires (de six mois à quinze ans) ou perpétuels. Les condamnés sont astreints au travail. Ils ne peuvent apporter aucun adoucissement au régime de l'établissement. On ne les charge de fers qu'autant que les nécessités de leur garde et de leur surveillance peuvent l'exiger, et ces cas sont très-rares. Parmi les maisons destinées aux accusés condamnés aux travaux forcés, celle de Christiania seule est complétement cellulaire. Dans les autres, on donne, autant que possible, au commencement et à la fin de sa détention, une cellule au condamné. Dans le cours de l'exécution de la peine on n'accorde l'isolement qu'aux détenus qui le sollicitent.

C'est dans les prisons de districts, au nombre de cinquante-six, que se subit l'emprisonnement ; quant aux travaux forcés, les établissements suivants leur sont réservés : (*a*) la prison pénitentiaire de Christiania, construite d'après le système de Philadelphie ; (*b*) les forteresses de Christiania, de Bergue et de Throndhjem ; (*c*) quatre autres établissements appelés *maisons de correction* et situés dans les villes de Christiania, de Christiansand, de Bergue et de Throndhjem.

Dans la prison pénitentiaire de Christiania sont transférés les hommes âgés de dix-huit à trente ans et condamnés aux travaux forcés de six mois à six ans par les tribunaux de districts des environs de Christiania. Les criminels d'un âge plus avancé et condamnés à cette même peine peuvent obtenir l'autorisation de subir leur condamnation dans ladite prison. Pour tous les criminels détenus dans cet établissement, la durée de la peine est abrégée d'un tiers, de façon à ce que leur détention soit au moins de quatre mois et au plus de quatre ans.

Les autres condamnés sont placés dans les forteresses. On y met aussi les criminels condamnés à plus de trois ans, quand ils ont encouru précédemment une peine analogue, et on y réintègre ceux qui sont condamnés de nouveau (quelle que soit la durée de la peine) après avoir été déjà punis dans ces mêmes établissements.

Les maisons de correction sont affectées aux femmes condamnées pour crimes et aux hommes condamnés à toute autre peine que celles qui sont indiquées ci-dessus.

Suède. — Le régime pénitentiaire consiste dans la privation de la liberté, soit sous la forme d'emprisonnement simple, soit sous celle de reclusion avec travail pénal. Toutes les peines dont la durée ne dépasse pas deux ans doivent être subies en cellule dans les prisons départementales, au nombre de trente-huit en Suède, et contenant 2 352 cellules. La peine du travail pénal pour plus de deux ans est subie dans les prisons centrales :

la première partie, un sixième du temps (six mois au moins et douze mois au plus), est passée en cellule, et le reste se subit en commun.

Russie. — Le régime pénitentiaire est réglé par la loi. Une commission formée de fonctionnaires de différents ministères est chargée d'élaborer une réorganisation complète du système actuel.

D'après le code en vigueur, les peines sont les suivantes : 1° la mort ; 2° la déportation avec travaux forcés (perpétuelle ou de quatre à vingt ans) ; 3° la déportation en Sibérie ; 4° la déportation au Transcaucase. Ces peines entraînent la perte complète de tous les droits (mort civile) ; 5° la reclusion dans une maison de force, qui remplace la déportation en Sibérie pour les personnes qui, jusqu'à l'abolition des peines corporelles, n'étaient pas exemptes de ces dernières. La durée de la reclusion varie de deux mois au moins à deux ans au plus et entraîne la perte des droits civils et politiques (art. 30 et 43 du code, édition de 1866) ; 6° la détention dans une forteresse, avec perte de certains droits, de quatre mois à quatre ans (art. 34 et 50) ; sans perte de droits, de quatre semaines à quatre ans ; 7° la détention dans une maison de correction, avec perte de certains droits (art. 36), de huit mois à deux ans ; sans perte de droits , de deux à huit mois ; 8° la détention dans une prison, de deux à quatre mois ; 9° la détention simple, d'un jour à trois mois.

Autriche. — Dans le système pénitentiaire, la loi pénale autrichienne est extraordinairement simple. Elle divise les peines pour les crimes en principales et accessoires. Les premières sont au nombre de deux seulement, la peine de mort et la peine de l'emprisonnement (Kerkerstrafe).

Mais la loi différencie profondément cette dernière de la peine privative de liberté pour délits ou contraventions, qu'elle ne désigne jamais que par le mot arrêt (*Arrest*).

L'emprisonnement est à vie ou à temps; à cet égard, l'article 17 de la loi autrichienne énonce que, « la variété des circonstances qui aggravent ou atténuent un crime ne permettant pas de fixer dans la loi la mesure précise de la peine pour chaque cas en particulier, on détermine seulement un minimum et un maximum dans les limites desquels la durée de la peine doit être proportionnée à la gravité du crime. »

Ces sortes d'échelles de la peine sont au nombre de quatre, savoir : de six mois à un an, d'un an à cinq ans, de cinq à dix ans et de dix à vingt ans. L'emprisonnement est lui-même divisé en deux degrés, dont le premier est désigné par le mot « prison » sans épithète, et le second par les mots : « prison aggravée. »

Sous le rapport de l'exécution de la peine privative de liberté, l'ar-

ticle 405 de la loi organique de procédure criminelle du 23 mai 1873 ordonne
que les condamnés à plus d'une année pour crime doivent subir leur
peine dans les maisons à ce affectées par des prescriptions spéciales
(établissements pénitentiaires indépendants, selbständigen strafanstalten)
et que les autres peines doivent être exécutées auprès du tribunal de répression qui a prononcé le jugement en première instance, dans des maisons de détention (gefängnisse) ; quant aux peines pour contravention,
elles sont subies dans les maisons d'arrêt de district.

En dehors des peines principales, il y a, ainsi que nous l'avons dit, les
peines accessoires, ou, comme les appelle la loi autrichienne, les aggravations des peines principales. Ce sont, pour la prison : (*a*) le jeûne ;
(*b*) l'assignation d'un couchage dur ; (*c*) le maintien en détention solitaire
(Einzelhaft) ; (*d*) la reclusion avec isolement dans une cellule obscure ;
(*e*) le bannissement après l'expiration de la peine.

Pour les délits et les contraventions, il y a comme peines principales,
outre l'arrêt, la perte de denrées, marchandises ou objets, la déchéance
de droits ou facultés, l'expulsion d'une localité, de tout ou partie des pays
de la couronne.

L'arrêt, qui comprend également deux degrés, dont la durée la plus
courte est de vingt-quatre heures et la plus longue de six mois, peut aussi
être aggravé par les quatre premières des peines accessoires ci-dessus
applicables aux crimes (*a, b, c, d*.) L'arrêt du premier degré peut être con-
verti en une peine pécuniaire proportionnée ou remplacé par l'arrêt à
domicile (Hausarrest) quand le coupable a une réputation exempte de reproche.

Dans les établissements pénitentiaires, les récidivistes ne sont pas plus
sévèrement traités que les individus condamnés pour la première fois,
sauf ceux qui, dans l'espace de dix années, sont jugés de nouveau pour un
crime inspiré par l'amour du lucre (arrêté du ministre de la justice du
2 décembre 1872).

A la peine de l'emprisonnement est toujours attachée l'obligation au travail. Depuis la loi du 15 novembre 1867, qui a supprimé les fers (peine
des chaînes), la seule différence qui existe entre la prison simple et la prison aggravée consiste en ce que les tribunaux, en condamnant à cette dernière peine, doivent prononcer, au lieu des fers, l'adjonction de l'une ou
de plusieurs des peines accessoires ou aggravations légalement possibles.

Les prescriptions relatives aux établissements pénitentiaires indépendants et aux maisons de détention des tribunaux sont de nature administrative ; elles n'interviennent naturellement que dans les limites du cadre
du système pénitentiaire, et il n'existe sur ce sujet qu'une seule loi, celle
du 1ᵉʳ avril 1872, qui règle l'exécution de la peine dans l'isolement. Mais,

comme il faut commencer par approprier à son exécution les établissements pénitentiaires, elle n'a reçu son application que dans quelques établissements : à Grætz, Stein et Karthaus.

Le système des congés (probablement les ticket of leave, libération
provisoire) n'est pas encore introduit en Autriche ; mais, pour le pré-
parer, il y a périodiquement des grâces accordées à ceux des condamnés
qui ne paraissent plus dangereux pour la société, et dont on est fondé à
attendre l'amélioration.

Il existe en Autriche 18 établissements pénitentiaires proprement dits :
12 pour les hommes et 6 pour les femmes. Chacun de ces établissements
a une circonscription territoriale qui lui est assignée. Il y a seulement
pour les maisons d'hommes de Karthaus et de Suben cette exception que
la première est destinée à recevoir tous les hommes condamnés à plus
de dix ans de prison aggravée par les tribunaux de Bohême, de Moravie,
de Silésie, d'Autriche (au-dessus et au-dessous de l'Ems) et du Tyrol
allemand. La seconde reçoit : (*a*) tous les condamnés pour crimes
politiques ; (*b*) tous les ecclésiastiques condamnés pour crimes en général ;
(*c*) tous les criminels, âgés de quatorze à vingt ans, susceptibles de s'amen-
der ; (*d*) toutes les personnes appartenant aux classes d'une éducation supérieure, et non condamnées pour crime infamant (diffamirend) de l'Autriche (au-dessus et au-dessous de l'Ems), de Salzbourg et des parties
allemandes du Tyrol, de la Styrie, de la Carinthie et de la Carniole (arrêté
du ministre de la justice du 30 décembre 1870).

Presque tous les établissements pénitentiaires (Strafanstalten) sont organisés pour la détention en commun. Les condamnés sont classés par
groupes de six à trente, jour et nuit ; ils ont la permission de converser
ensemble, sauf pendant le travail. L'âge, le degré d'éducation, le caractère, le passé des condamnés et la nature du crime commis sont pris en
considération pour la formation des groupes.

Parmi les prisons cellulaires, celle de la Karlau, près Grætz, peut contenir 252 individus, celle de Stein 334 et celle de Karthaus 63.

En vertu de la loi du 1ᵉʳ avril 1872, les condamnés sont tenus dans un
isolement continu ; ils ne sont réunis que pour le service divin, l'ensei-
gnement de l'école et la promenade au grand air, sans toutefois pouvoir,
en aucune façon, entrer en communication. Lorsque le condamné cellulaire a passé trois mois dans la solitude, on lui compte, par la suite, chaque
nombre de deux jours qu'il y passe, comme valant trois jours de la
peine portée par le jugement. La plus grande durée de la détention dans
la solitude ne doit pas dépasser trois ans. Cette détention n'a pas lieu ou
cesse, si le commencement ou la continuation en paraît dangereuse, à
raison d'infirmités corporelles du condamné ou d'autres inconvénients

pour sa santé physique ou morale, auxquels il y aurait lieu de pourvoir.

En dehors des occupations domestiques, les condamnés sont employés à des travaux industriels à l'intérieur ou hors de la maison (pour ce dernier cas, les plus dignes de confiance seulement et lorsqu'ils y consentent).

Les condamnés ont une tâche de travail à faire. Pour encourager leur application, il existe ce qu'on appelle le *surgain*, c'est-à-dire une récompense pour ce qu'ils font au delà de la tâche ; le condamné peut en employer une moitié à son profit ; l'autre moitié est remise, augmentée des intérêts, au condamné à sa libération, pour qu'il puisse subvenir à sa subsistance jusqu'à ce qu'il ait trouvé un moyen honnête de gagner sa vie.

La surveillance locale sur les établissements pénitentiaires appartient au ministère public. L'exécution de la peine privative de liberté dans les maisons cellulaires est surveillée par des commissions spéciales. La surveillance des maisons de détention des cours de justice et des tribunaux de district appartient au président du tribunal supérieur provincial. La direction suprême de tous les établissements pénitentiaires est confiée au ministre de la justice.

Hongrie. — Les prisons sont placées sous la surveillance des procureurs royaux par la loi 33 de 1871.

Par une ordonnance ministérielle de 1869, il a été décidé que les individus condamnés à plus d'un an d'emprisonnement seraient détenus dans des pénitenciers (on compte 6 de ces établissements), et que ceux qui étaient condamnés à un an ou moins de cette peine subiraient leur détention dans les prisons des tribunaux de première instance (il y en a 106). De plus, il y a auprès du domicile de chaque juge (ils sont 375 en Hongrie) une prison pour la détention préventive et pour les inculpés condamnés pour des contraventions.

Les prisonniers des pénitenciers sont divisés en trois catégories ; la première se forme des prisonniers âgés de moins de vingt-quatre ans; la seconde, de ceux qui ont dépassé cet âge, et la troisième des récidivistes.

Toutefois, le directeur du pénitencier peut, avec le consentement de l'aumônier, établir deux autres classes composées, l'une, des condamnés qui ont fait preuve d'amendement, et l'autre de ceux qui jouissent d'une instruction supérieure.

Chaque condamné doit, à son entrée dans le pénitencier, être mis en cellule pendant un temps qui varie entre une et six semaines; il doit y rester sans faire aucun travail ; il ne lui est permis de parler à personne, et il est spécialement surveillé. Les récidivistes sont traités avec plus de rigueur que les autres condamnés; ils sont employés aux travaux les plus sales et les plus désagréables, ils sont exclus pendant six mois de toute faveur.

Le travail est obligatoire pour tous et se fait en commun, mais en observant une stricte et rigoureuse séparation des catégories. C'est le directeur qui décide du genre de travail à faire.

Un des 6 pénitenciers est réservé aux femmes, et un autre aux hommes condamnés à plus de dix ans de détention.

L'ordonnance ministérielle adressée aux procureurs royaux quant à l'administration des prisons des tribunaux de première instance contient aussi un règlement administratif, mais ses dispositions ne sont pour ainsi dire que transitoires et font entrevoir une réforme prochaine du régime.

Suisse. — Le régime pénitentiaire se rattachant étroitement au droit pénal, il est clair qu'il ne peut exister aucune disposition générale sur la matière : tout dépend des cantons. La majeure partie de ceux-ci reconnaît trois espèces d'emprisonnement : la reclusion, la détention dans une maison de correction et l'emprisonnement simple. La reclusion est perpétuelle ou temporaire. A Zurich, le maximum de la reclusion temporaire est de quinze ans; à Berne et à Bâle (ville), il est de vingt ans; à Schaffouse, il est de vingt-quatre ans; aux Grisons, de vingt-cinq ; à Fribourg et à Vaud, de trente ans, etc. Cette peine n'est prononcée que pour les crimes et est toujours accompagnée de la privation des droits civils et politiques. Un règlement de service fixe la nourriture et l'habillement des condamnés, qui peuvent être employés à toutes sortes de travaux. La détention dans une maison de correction n'emporte pas de plein droit la privation des droits civils et politiques, il faut que le jugement en fasse expressément mention ; mais, quant au surplus, le condamné est traité de la même façon que le reclusionnaire et astreint aux mêmes travaux que lui. Quant au simple emprisonnement, il n'entraine jamais d'incapacité légale. Le condamné est simplement incarcéré. Il peut, à son choix, travailler ou rester inactif; il a la faculté de se nourrir à ses frais et comme bon lui semble ; il n'est pas même assujetti à un costume uniforme.

Prusse. — L'exécution des peines est réglée par le titre Ier (première partie) du Code pénal allemand.

La *reclusion* est perpétuelle ou temporaire (d'un an à quinze ans). Les condamnés sont astreints aux travaux établis dans la maison de force. Ils peuvent aussi être occupés à des travaux hors de l'établissement, mais à la condition d'être séparés des travailleurs libres.

L'*emprisonnement* (d'un jour à cinq ans) se subit dans des maisons spéciales. Les condamnés peuvent être employés dans la prison à des travaux conformes à leurs facultés; ils doivent l'être, s'ils le demandent. Ils ne peuvent être employés hors de la prison sans leur consentement.

La *détention* est perpétuelle ou temporaire (d'un jour à quinze ans). Elle se subit dans des forteresses ou autres lieux à ce destinés. Les occupations et la manière de vivre des condamnés sont surveillées.

La durée des *arrêts* (privation de la liberté) varie d'un jour à six semaines.

En vertu de l'article 22, les condamnations à la reclusion et à l'emprisonnement peuvent, en totalité ou en partie, être subies d'après le système cellulaire ; mais, au delà de trois ans, il faut le consentement du détenu.

Les condamnés à la reclusion ou à un emprisonnement de longue durée peuvent obtenir leur libération provisoire [1] lorsqu'ils ont subi les trois quarts ou au moins un an de leur peine et qu'ils se sont bien conduits pendant ce temps. La libération provisoire peut être révoquée pour inconduite du libéré ou infraction aux obligations qui lui ont été imposées. En ce cas, le temps de liberté n'est pas imputé sur la peine. Les arrêtés relatifs à cette mesure (mise en liberté ou révocation) sont du ressort de l'administration supérieure de la justice (Obersten Justitz-Aufsichts-Behœrde). L'arrêté de libération préparatoire n'est rendu qu'après avis préalable du directeur de la prison.

Il n'y a pas de dispositions législatives sur les établissements pénitentiaires, qui dépendent de l'administration. Le règlement du 4 novembre 1835, concernant la maison de Rawitz, a été, par diverses ordonnances ministérielles, complété et appliqué à tous les autres établissements pénitentiaires de Prusse.

Bavière. — Outre les dispositions du Code pénal allemand, on trouve dans la loi bavaroise du 26 décembre 1871, servant d'introduction à ce Code, quelques prescriptions relatives au régime pénitentiaire.

L'emprisonnement de plus de trois mois se subit dans des établissements spéciaux et, sous réserve de l'article 30, dans les prisons des districts. (Art. 28.)

Les localités dans lesquelles la peine de détention dans une forteresse doit être exécutée sont déterminées par une ordonnance royale. (Art. 29.)

L'exécution de la peine dans l'isolement, prescrite par l'article 57 du Code pénal allemand, a lieu dans des établissements spéciaux quand le

---

[1] Système proposé par M. Bonneville de Marsangy en 1846 et importé par lord Grey en Angleterre et par sir Crofton en Irlande.

condamné est jeune et qu'il a plus d'un mois à subir. Pour les peines de l'emprisonnement d'un mois et moins de la détention dans une forteresse ou de l'arrêt prononcées contre des personnes jeunes, elles sont subies dans des quartiers séparés. (Art. 30.)

Toutes les peines privatives de liberté qui ne doivent pas être subies dans les maisons de reclusion ou sur lesquelles il n'est pas disposé dans les articles précédents, doivent être exécutées dans les prisons des tribunaux de police. (Art. 32.)

Les individus condamnés à la peine de la maison de reclusion ne sont mis en cellule que si, d'après leur vie antérieure, ils n'offrent qu'une faible espérance d'amélioration subséquente, ou s'ils laissent craindre, par leurs exemples ou leur commerce, une influence corruptrice sur d'autres, ou enfin s'ils sont susceptibles de se porter à des excès.

Le régime intérieur des maisons de reclusion est réglé par l'ordonnance royale du 12 juin 1862 : — séparation des prisonniers d'après le sexe et l'âge ; — isolement obligatoire pendant six mois, facultative au delà, sauf consentement du condamné et avis du médecin.

Une ordonnance royale du même jour concerne le régime intérieur des autres établissements pénitentiaires. — Isoler autant que possible les prisonniers jeunes et ceux qui n'ont été condamnés que pour des infractions légères commises par entraînement ou ignorance.

De plus, il existe pour les hommes condamnés à l'emprisonnement de deux mois à cinq ans des prisons cellulaires dont le régime est réglé par la loi du 10 novembre 1871.

Saxe. — Les peines de la reclusion (Zuchthaus), de la détention dans une forteresse (Festungshaft) et de l'emprisonnement (Gefängniss), cette dernière, quand elle dépasse la durée de quatre mois, sont subies dans des établissements pénitentiaires spéciaux. La peine de l'emprisonnement de courte durée (quatre mois et moins) et l'arrêt (Haft) sont subis dans les prisons des tribunaux de première instance.

Wurtemberg. — Les peines, dans le Wurtemberg, sont subies : 1° *pour les hommes* : (a) la peine de la reclusion (Zuchthausstrafe) au delà de cinq ans à la maison de force de Stuttgard ; (b) la même peine, au-dessous de cinq ans, à la maison de force de Ludwigsburg ; (c) la peine de la reclusion et celle de l'emprisonnement (Gefängnisstrafe) au delà de quatre semaines pour les condamnés jeunes et non encore punis dans la prison cellulaire à Heilbronn ; (d) la peine de l'emprisonnement au delà de quatre semaines dans les deux prisons provinciales de Hall et de Rottenburg ; (e) la peine privative de liberté, au delà de quatre semaines, pour les jeunes gens, jusqu'à dix-huit ans, dans l'établissement pour les jeunes criminels à Hall ; (*f*) la peine privative de liberté, au-dessous de quatre semaines, et la peine d'arrêt (Haftstrafe) dans les 64 prisons de district ; 2° *pour les femmes*, dans l'établissement pénitentiaire spécial de Gotteszell, qui se subdivise en trois sections : reclusion — prison — quartier des jeunes détenues.

Le système de la détention dans l'isolement n'est appliqué que dans la prison cellulaire de Heilbronn et, du reste, avec réunion à l'église, à l'école et à la promenade. Ailleurs, la détention est subie en commun.

Mecklembourg-Schwerin. — Les établissements dans lesquels se subissent les différentes peines sont : 1° pour la reclusion dans une maison de force (Zuchthausstrafen) la maison de Dreibergen, près de Butzow ; 2° pour l'emprisonnement (Gefängnisstrafen), des établissements pénitentiaires spécialement organisés à cet effet ; 3° pour la détention dans une forteresse (Festungshaft), la citadelle de la ville de Dömitz ; enfin 4° pour la détention simple (Haft), les prisons des tribunaux qui ont rendu la sentence.

Le régime pénitentiaire est réglé par des lois ou des instructions particulières pour les trois premières catégories ; pour les peines de simple détention, il n'existe que quelques dispositions générales.

Dans la maison de force de Dreibergen, on a adopté le système d'isolement complet, accompagné de travail obligatoire dans les cellules, mais modifié, eu égard à la santé du détenu, à la durée de la peine (art. 22 du Code pénal) ou à sa bonne conduite. Une seule de ces trois circonstances suffit pour faire interrompre l'isolement et envoyer le détenu travailler dans les ateliers communs.

Grand-duché de Bade. — Dans le grand-duché de Bade, le système cellulaire était établi avant l'introduction du Code pénal d'Allemagne.

La loi du 23 décembre 1871 établit comme règle que la peine de maison de force (Zuchthaus) est subie pendant les trois premières années en cellule, et que ce principe s'applique aussi aux condamnés à l'emprisonnement (Gefängniss) autant que les localités le permettent. Dans tous les cas, du moins, la première année de l'emprisonnement doit être passée en reclusion solitaire.

L'ordonnance souveraine (tenant lieu de loi) du même jour règle l'exécution de ces principes. Elle dispose entre autres :

Les hommes condamnés à la maison de force sont détenus dans le Zuchthaus de Bruchsal ; les hommes condamnés à l'emprisonnement pour plus de six semaines sont détenus dans les prisons centrales de Mannheim et de Bruchsal ; les femmes condamnées à la maison de force ou à l'emprisonnement de plus de six semaines sont détenues dans la Weiberstrafanstalt (maison de peine pour femmes) à Bruchsal ; la peine d'emprisonnement n'excédant pas six semaines se subit dans les prisons de bailliage (Antsgefangniss), attachées aux justices de bailliage ;

La peine de détention (Haft) dans ces mêmes prisons et la peine de détention de forteresse dans la citadelle de Rastatt.

Dans la maison de force et dans les autres établissements centraux l'isolement est absolu pendant les trois premières années. Après ce temps le condamné peut (d'année en année ou une fois pour toutes) choisir la continuation de l'isolement. Les condamnés qui ne sont plus soumis à l'isolement sont séparés pendant la nuit et occupés pendant la journée dans des salles de travail. Les prisonniers isolés reçoivent quatre visites par jour. Dans les prisons de bailliage les prisonniers et les détenus sont séparés ; ils peuvent être admis à un séjour commun et de courte durée dans la cour de la prison.

Les détenus de forteresse jouissent de certaines libertés et autres préférences.

Les condamnés à la maison de force sont tenus à un travail déterminé par l'administration ; ce travail dure de six heures du matin (cinq heures en été) jusqu'à sept heures et demie du soir, sauf les interruptions pour la promenade, l'école et les repas. Le condamné doit fournir une tâche fixée par jour.

Les règles sont les mêmes pour les condamnés à l'emprisonnement détenus dans les prisons centrales, avec la différence que l'administration laisse au prisonnier le choix du travail.

Les prisonniers des prisons de bailliage peuvent être tenus à une occupation ou en demander une qui convienne à leurs facultés.

Les détenus condamnés à la détention (Haft) ne sont pas astreints au travail ; ils peuvent s'occuper à leur choix.

Pays-Bas. — L'arrêté-loi du 11 décembre 1813 a le premier apporté des changements dans le régime pénitentiaire en abolissant le bagne ou les travaux forcés et la perpétuité de la peine. Les travaux forcés à perpétuité ont été remplacés par la reclusion (de cinq à vingt ans), les travaux forcés à temps par la reclusion (de cinq à quinze ans) ; la reclusion dans les maisons centrales, par une reclusion de cinq à dix ans.

En dehors des maisons de reclusion, on compte 13 maisons d'arrêt et de sûreté, 23 maisons d'arrêt et 125 maisons de police et de dépôt. Trois maisons de sûreté et d'arrêt : celles d'Amsterdam, de Rotterdam et d'Utrecht sont entièrement cellulaires.

Depuis la loi du 28 juin 1851 l'emprisonnement en cellule est facultatif (arbitrio judicis) pour les condamnés à une peine correctionnelle d'un an et moins avec la réduction à six mois en cellule. La loi du 29 juin 1854 (art. 7) a amplifié la disposition de la loi précédente en rendant facultatif l'emprisonnement cellulaire pour les condamnés à deux ans en commun (une année en cellule). La loi du 24 juillet 1871 étend la peine en cellule à deux ans (en commun quatre ans). Un projet de loi soumis en ce moment à la seconde chambre propose de l'étendre encore à trois ans en cellule pour six ans en commun.

Belgique. — Les peines corporelles sont : la mort, les travaux forcés, la détention, la reclusion et l'emprisonnement (art. 7, Code pénal).

Les travaux forcés sont à perpétuité ou à temps (de dix à quinze ans ou de quinze à vingt ans) ; ils se subissent dans des maisons de force. La reclusion est de cinq à dix ans et se subit dans des maisons de reclusion (art. 12 à 14).

Chaque condamné est employé au travail qui lui est imposé. Une portion du produit de ce travail forme un fonds de réserve qui lui est remis à sa sortie ou à des époques déterminées après sa sortie. Cette portion ne peut excéder les quatre dixièmes pour les condamnés à la reclusion et les trois dixièmes pour les condamnés aux travaux forcés. Le surplus appartient à l'Etat. Le gouvernement peut disposer de la moitié de ce fonds de réserve, au profit du condamné, pendant qu'il subit sa peine, ou au profit de la famille de celui-ci, lorsqu'elle se trouve dans le besoin (art. 15).

La détention est perpétuelle ou temporaire. Celle-ci est ordinaire (de cinq à quinze ans) ou extraordinaire (de quinze à vingt ans). Les condamnés sont enfermés dans une des forteresses du royaume ou dans une maison de reclusion ou de correction désignée par un arrêté royal (art. 16 et 17).

L'emprisonnement correctionnel varie de huit jours à cinq ans et se subit dans des maisons de correction. Les condamnés sont employés aux travaux établis ou autorisés dans la maison, sauf dispense par le gouvernement. La portion du produit du travail affectée au condamné ne peut dépasser les cinq dixièmes.

France. — Le régime pénitentiaire est réglé par le Code pénal, la loi du 8 juin 1850, le décret-loi du 8 décembre 1851, la loi du 30 mai 1854, le décret du 29 août 1855 et de nombreuses circulaires ministérielles.

Voici quelles sont les peines corporelles édictées par le Code pénal. Peines criminelles : la mort, les travaux forcés à perpétuité, la déportation, les travaux forcés à temps (5 à 20 ans), la détention (5 à 20 ans), la reclusion (5 à 10 ans). Peine correctionnelle : l'emprisonnement (6 jours à 10 ans).

La peine des travaux forcés perpétuels ou temporaires est subie dans les établissements créés sur le territoire de possessions françaises autres que l'Algérie (Cayenne et la Nouvelle-Calédonie). Les condamnés sont employés aux travaux les plus pénibles de la colonisation et à tous les autres travaux d'utilité publique. Ils peuvent être enchaînés deux à deux ou assujettis à traîner le boulet à titre de punition disciplinaire ou par mesure de sûreté. Les femmes *peuvent* être conduites dans ces établissements, où elles sont employées à des travaux en rapport avec leur sexe et leur âge, mais c'est l'exception ; les femmes condamnées aux travaux forcés subissent généralement leur peine dans les maisons de force. Pour les sexagénaires, la peine des travaux forcés se transforme en celle de la reclusion. Les condamnés à moins de huit ans de travaux forcés sont tenus de résider dans la colonie, à l'expiration de leur peine, pendant un temps égal à la durée de leur condamnation. Si la peine est de huit années au moins, la résidence est perpétuelle.

La peine de la déportation consiste à être transporté et à demeurer à perpétuité, dans un lieu déterminé par la loi, hors du territoire continental de la République. Le condamné à la déportation qui rentre sur ce territoire devient passible des travaux forcés à perpétuité.

La détention se subit dans l'une des forteresses situées sur le territoire continental de la République.

Tout individu, de l'un ou l'autre sexe, condamné à la peine de la reclusion, est enfermé dans une maison de force et employé à des travaux dont le produit peut, en partie, être appliqué à son profit. On compte actuellement 16 maisons de force (3 agricoles) pour hommes et 7 pour femmes.

Quiconque a été condamné à l'emprisonnement est renfermé dans une maison de correction où il est employé à l'un des travaux établis dans cette maison, selon son choix. Le produit du travail du détenu est appliqué, partie aux dépenses communes de la maison, partie à lui procurer quelques adoucissements, s'il les mérite, partie à former pour lui, au temps de sa sortie, un fonds de réserve.

Les peines de l'emprisonnement de plus d'un an se subissent dans les maisons de force, depuis une ordonnance royale du 6 juin 1830. Pour les reclusionnaires comme pour les condamnés à plus d'un an d'emprisonnement, il existe dans les maisons de force et de correction, appelées ordinairement *maisons centrales*, des quartiers d'amendement dans lesquels sont réunis les détenus dont la bonne conduite soutenue fait espérer le retour dans la bonne voie.

Aux peines corporelles ci-dessus, applicables par les tribunaux militaires et maritimes, il convient d'ajouter celle des travaux publics qui se subit dans les pénitenciers militaires.

Enfin, les accusés et prévenus âgés de moins de seize ans, peuvent être envoyés dans des maisons d'éducation correctionnelle, en vertu du Code pénal (art. 66 et 67), qui a reproduit les dispositions d'une loi du 25 septembre 1791. Ils y restent jusqu'à l'âge de vingt ans accomplis, et y sont généralement employés à des travaux agricoles.

Ces établissements sont publics (5 pour les garçons et 2 pour les filles) ou privés (23 pour les garçons et 15 pour les filles). Ils sont régis par une loi du 5 août 1850 sur l'éducation et le patronage des jeunes détenus, complétée depuis par de nombreuses instructions administratives.

Portugal. — Les peines corporelles sont l'emprisonnement et la déportation dans les colonies d'Afrique. La peine d'emprisonnement est réglée par la loi du 1er juillet 1867, qui a modifié le Code pénal en établissant le régime pénitentiaire et les prisons cellulaires avec isolement continu. — La déportation, établie par le Code pénal de 1852, est réglée par le décret du 9 décembre 1867, qui a créé des colonies spéciales en Afrique.

Pour les jeunes détenus, il existe à Lisbonne une maison de correction avec une ferme annexe; les enfants y sont employés à des travaux de jardinage et de culture et on leur fait apprendre un métier dans les ateliers de la maison.

Espagne. — La peine de la chaîne perpétuelle est subie dans des lieux désignés en Afrique, dans les îles Canaries ou d'outre-mer. Les condamnés à la chaîne temporaire ou perpétuelle travaillent au profit de l'État; ils portent une chaîne au pied, attachée à la taille. Ils sont employés à des travaux rudes et pénibles; il ne leur est point permis de recevoir des secours du dehors. Les condamnés à la chaîne temporaire sont aussi occupés dans les arsenaux.

La reclusion perpétuelle ou temporaire se subit dans les établissements du territoire de la Péninsule ou du dehors. La peine de « presidio mayor » (bagne), dont la durée varie entre six ans et un jour et douze ans, est exécutée dans les établissements de la Péninsule, dans les îles Baléares ou dans les îles Canaries. Celle du « presidio correccional » (de six mois et un jour à six ans) se subit dans les établissements de la Péninsule. Les condamnés sont employés à des travaux forcés dans l'établissement, et une partie du produit de leur travail leur est destinée en qualité de fonds de réserve.

Les condamnés à l'emprisonnement subissent leur peine de « prision mayor » (de six ans et un jour à douze ans) dans les établissements de la

Péninsule et dans ceux des Baléares ou des Canaries, et les condamnés à la « prision correccional » (de six mois et un jour à six ans) dans les établissements situés dans la circonscription du tribunal qui a prononcé la condamnation ; ils travaillent à leur profit.

L' « arresto mayor », arrêt majeur (d'un mois et un jour à six mois), qui est une peine correctionnelle, est subi dans une maison spéciale située au chef-lieu de l'arrondissement (partido).

Italie. — Selon le Code pénal de 1859, les peines corporelles criminelles sont les *travaux forcés à perpétuité* ou *à temps* qui sont subies dans les bagnes; la *reclusion*, qui se subit dans les maisons centrales (case di pena); la *relégation*, qui consiste en emprisonnement dans un lieu fortifié.

La peine correctionnelle de l'emprisonnement se subit dans les prisons judiciaires, si elle ne dépasse pas une année, autrement elle se subit dans les maisons centrales.

Les peines édictées par le Code toscan sont : le bagne à perpétuité (ergastolo), la maison de force, la prison.

Dans les établissements pénitentiaires de la Toscane, on avait introduit le régime de la séparation, soit absolue, soit avec le système d'Auburn, qui y a été conservé par le gouvernement italien avec quelques correctifs. Dans les bagnes et dans les établissements pénitentiaires des autres provinces, faute d'espace suffisant, on a dû, en général, conserver le régime de la vie en commun, mais avec des classifications selon l'âge et le sexe des condamnés, et en raison de la gravité de leurs peines. Le travail en commun dans les maisons centrales s'accomplit sous le régime du silence. Il est pourvu partout, aussi bien que possible, à l'instruction des condamnés. Ceux qui travaillent reçoivent un salaire, dont partie leur est allouée à leur sortie.

En 1873, il y avait en Italie : 8 établissements pour la peine d'emprisonnement, 4 pour la relégation, 16 pour la reclusion, 2 colonies agricoles (les îles de Gorgona et de Pianosa, dans l'archipel toscan), 2 maisons pour les condamnés chroniques, 5 pour peines diverses, 24 bagnes, 6 maisons pour femmes, 3 pour les jeunes gens, 36 maisons d'éducation correctionnelle privées, 256 prisons judiciaires d'arrondissement et 1499 prisons de canton.

A cause du nombre insuffisant des établissements pénitentiaires, beaucoup de condamnés subissent leur peine dans les prisons judiciaires, qui ne sont pas aussi avantageuses pour leur instruction et leur moralité.

Le régime pénitentiaire est l'objet des études incessantes des ministères de la justice et de l'intérieur. Il sera mis en rapport avec le Code pénal récemment présenté au sénat.

Grèce. — La loi du 31 décembre 1836 est celle qui régit encore les prisons ; malheureusement, l'état de celles-ci ne permet pas d'appliquer toutes les excellentes dispositions de cette loi. La Grèce n'a, en fait de véritable prison, que le pénitencier de Corfou, le reste consiste dans des forts construits par les Vénitiens ou les Turcs. Les condamnations aux travaux forcés, soit à vie, soit à temps, sont subies dans ces forts, parce qu'ils présentent plus de sûreté que tous autres lieux.

Serbie. — Les peines des travaux forcés, de la détention et de la réclusion pour plus d'un mois, se subissent dans des établissements pénitentiaires spéciaux. Les personnes condamnées, soit judiciairement, soit administrativement à la réclusion pour moins d'un mois, subissent leur peine aux préfectures d'arrondissement et de district; on ne fait pas de distinction pour les récidivistes. Il n'y a d'exception à leur égard qu'en ce qui concerne la *mise en liberté sous condition*. Les récidivistes condamnés ne peuvent pas être mis en liberté conditionnelle, après avoir subi la moitié de leur peine, comme cela est autorisé pour ceux qui subissent une première condamnation : il faut qu'ils aient accompli les deux tiers de leur peine (art. 2), et si le détenu se trouve dans le cas de deuxième récidive, le bénéfice de la mise en liberté sous condition ne peut lui être accordé (art. 7 de la loi sur la mise en liberté sous condition).

Roumanie. — Le régime pénitentiaire est réglé par la loi du 16 janvier 1874. La loi prescrit la cellule pour la nuit, la réunion en commun, le jour, avec travail et obligation du silence. Les peines se subissent dans des établissements pénitentiaires dits : 1° pénitencier de correction ; 2° pénitencier de réclusion ; 3° pénitencier de travaux forcés.

Chacun de ces établissements ne peut contenir que de 350 à 400 détenus. Auprès de chaque établissement correctionnel il est établi une exploitation agricole.

Les mineurs subissent leur peine dans un pénitencier agricole d'éducation correctionnelle. La nuit, ils couchent en cellule.

Un article de loi prescrit que tous les individus condamnés pour la deuxième fois subissent leur peine dans un établissement spécial dit *pénitencier de récidive;* les détenus sont soumis au régime cellulaire de jour et de nuit.

CHAPITRE V

DE LA RÉCIDIVE DANS SES RAPPORTS AVEC LE RÉGIME PÉNITENTIAIRE.
ÉTAT DE LA STATISTIQUE EN EUROPE

Grande-Bretagne. — Les publications officielles sont les « Rapports annuels des directeurs des prisons de convicts, des inspecteurs des prisons locales et des écoles réformatoires » et les « Judicial Statistics »; ces documents ne donnent pas les moyens d'étudier les effets du régime pénitentiaire sur la récidive.

Danemark. — Dans les différents établissements de travaux forcés, la discipline est maintenue avec beaucoup de soin, de telle sorte qu'on peut reconnaître le succès des efforts faits en vue de l'amélioration morale des prisonniers. Mais ce qui est plus problématique, c'est la question de savoir si l'on obtiendra d'aussi heureux résultats de la tâche qu'on s'est imposée de les rendre à la société comme de bons et utiles citoyens. A cet égard, du reste, l'administration est puissamment aidée par le pays; la bienfaisance privée intervient souvent. Il y a des sociétés pour moraliser l'enfance coupable et pour faciliter aux prisonniers libérés leur rentrée dans la société; mais on ne possède pas de statistique pour suivre le mouvement de la moralisation.

Norwége. — Les publications officielles ne traitent de la récidive dans ses rapports avec le régime pénitentiaire que pour les libérés de la maison cellulaire de Christiania. Les résultats obtenus sont constatés dans un rapport annuel sur les effets de la prison pénitentiaire.

Suède. — Les tableaux que publie le ministère de la justice sont dressés d'après les rapports des directeurs des prisons, et les publications officielles ne contiennent pas d'autres éléments de nature à permettre d'étudier la récidive dans ses rapports avec le régime pénitentiaire; mais, à l'aide des observations communiquées à la direction générale des prisons par les aumôniers et directeurs des établissements pénitentiaires, on a réuni des matériaux précieux pour des investigations ultérieures. Les renseignements qui suivent sont extraits du remarquable ouvrage de M. d'Olivecrona sur les causes de la récidive et les moyens d'en restreindre les effets : proportion sur 100 des individus ayant subi pour vol l'emprisonnement cellulaire, et coupables, en 1863, d'une première récidive : 14 pour 100; mais elle s'élève à 32 pour 100 si l'on tient *compte* des récidives constatées pendant cinq années. Proportion sur 100 des individus condamnés pour récidive de vol, libérés déjà la même année ou l'année précédente, après avoir subi pour vol l'emprisonnement cellulaire; en 1864 : 52 pour 100; en 1870 : 42 pour 100. Proportion pour 100 des individus libérés ayant subi pour vol l'emprisonnement cellulaire, récidivistes dans le courant de l'année suivante; en 1864 : 10 pour 100; en 1868 : 15 pour 100. Sur 100 individus libérés en 1870, après avoir subi une première peine pour vol, 23 sont revenus pendant l'année et ont été condamnés pour le même fait. Pour les libérés de première récidive, la proportion est de 43 pour 100, et pour les libérés de deuxième récidive, de 69 pour 100. Proportions pour 100 entre le nombre des récidivistes et celui des individus condamnés pour première infraction : hommes, 42 pour 100; femmes, 23 pour 100.

Russie. — Les données manquent pour le moment.

Autriche. — En Autriche, jusque dans ces derniers temps, l'exécution de la peine privative de liberté était organisée d'après le système de la détention en commun, et elle a, en général, abouti à cette attristante constatation qu'à la détention collective est liée, en beaucoup de points, la corruption morale des détenus.

L'influence favorable sur l'amélioration des condamnés — un des buts essentiels de la peine — que l'on a toute raison de se promettre de son exécution dans l'isolement, n'a pu jusqu'ici être constatée par des résultats numériques, à raison du temps fort court depuis lequel le système cellulaire a été introduit.

Les données contenues dans les tableaux statistiques généraux sur la *vie antérieure* des condamnés n'ont permis de conclure jusqu'ici à aucun résultat avantageux.

Hongrie. — La statistique a, sans doute, déjà pris racine dans toutes les branches de l'administration de l'Etat; mais, comme le système d'enregistrement des données n'est pas encore nettement formulé, il est impossible de tirer des conclusions certaines de documents dépourvus du caractère d'exactitude, qu'ils ne peuvent posséder qu'autant qu'ils dérivent d'un point de départ commun.

Suisse. — La recherche de l'influence du régime pénitentiaire sur la moralisation des condamnés n'a jamais fait l'objet d'un examen officiel ;

mais plusieurs particuliers se sont préoccupés de cette question. M. le docteur Guillaume, de Neuchâtel, dans un rapport en réponse au questionnaire du comité organisateur du congrès de Londres, contient de très-intéressantes indications sur les pénitenciers de Suisse; il fait notamment connaître que dans le canton d'Argovie, où l'éducation pénitentiaire est dirigée avec soin, la récidive est descendue de 52 pour 100 en 1865 à 28 pour 100 en 1870, et il attribue, en grande partie, cet heureux résultat au système appliqué, en même temps qu'aux efforts que l'on fait pour aider et protéger les détenus libérés. Dans le canton de Bâle-ville (un tiers des détenus en reclusion cellulaire), le nombre proportionnel des récidivistes est de 15 pour 100; dans celui de Saint-Gall, il est de 19 pour 100; en revanche, dans celui de Lucerne, qui possède une ancienne maison de force, il s'élève à 45 pour 100.

Prusse. — Pour pouvoir faire des comparaisons sur les résultats obtenus par les divers établissements pénitentiaires, le ministre de l'intérieur, par une circulaire du 6 mai 1859, a prescrit à l'administration du pénitentiaire de Moabit la mesure suivante : « Dans tous les cas où un prisonnier libéré de cet établissement serait à l'avenir condamné de nouveau à l'emprisonnement et transporté dans un autre établissement, le directeur de celui-ci aurait à faire une communication à celui de Moabit. » Par une ordonnance du 12 janvier 1865, le même ministre a généralisé cette mesure et l'a étendue à tous les établissements pénitentiaires [1]. A l'aide de ces communications réciproques, le directeur de chaque établissement doit, dans un rapport annuel, signaler le nombre des récidivistes. L'application de ce système a déjà provoqué de précieuses améliorations dans le régime des prisons. Malheureusement la statistique officielle n'a pas encore constaté les bons effets de ces mesures sur la moralisation des condamnés.

Bavière et Saxe. — La statistique est muette.

Wurtemberg. — Des tableaux publiés par le ministère de la justice donnent bien quelques indications intéressantes (voir chap. III), mais qui ne sont pas de nature à jeter de grandes lumières sur la question qui nous occupe.

---

[1] Par suite de deux circulaires du ministre de la justice, en date des 14 mai 1873 et 6 janvier 1874, cette mesure est appliquée maintenant en France pour les peines corporelles d'une durée supérieure à quatre mois d'emprisonnement.

Hesse-Darmstadt et Mecklembourg-Schwérin. — Il n'existe pas encore de document officiel sur la matière.

Grand-duché de Bade. — Le gouvernement n'est éclairé sur la moralisation des condamnés par tel ou tel régime pénitentiaire qu'à l'aidé des rapports des directeurs des prisons.

Pays-Bas. — La statistique officielle ne contient en fait de renseignements relatifs à l'influence du régime sur l'amélioration morale du condamné, que ceux dont il a été fait mention au chapitre iii.

Belgique. — Deux tableaux de la statistique criminelle font connaître par ressort de cour d'assises et de tribunal, pour les accusés et les prévenus récidivistes, le temps écoulé depuis l'époque de la libération jusqu'au nouveau jugement, en distinguant les récidivistes libérés de peines afflictives et infamantes de ceux qui n'avaient antérieurement subi que des peines correctionnelles.

Des 13 013 accusés ou prévenus récidivistes jugés de 1861 à 1867 par les cours et tribunaux belges, 4 361 (34 pour 100) ont été repris dans l'année de leur libération; 2 159 (17 pour 100) dans la deuxième année; 1 370 (11 pour 100) dans la troisième; 965 (8 pour 100) dans la quatrième; 707 (6 pour 100) dans la cinquième et 2 983 (24 pour 100) après ce délai. Quant aux 468 autres, ils avaient commis leur nouveau méfait pendant qu'ils étaient encore en prison (150), ou bien l'époque de leur libération était restée inconnue (318).

France. — Pour constater l'influence du régime pénitentiaire sur la moralisation des condamnés, il existe en France deux documents officiels : la statistique des prisons et la statistique criminelle, la première publiée par le ministère de l'intérieur, la seconde par celui de la justice.

La statistique des prisons ne contient pas moins de 61 tableaux, fournissant les indications les plus détaillées et les plus précises sur les établissements pénitentiaires du continent français. Pour ne parler que du sujet qui nous occupe, nous dirons qu'elle donne annuellement le nombre exact des récidivistes par catégorie, c'est-à-dire le chiffre des libérés repris de justice et la nature des peines qu'ils ont subies antérieurement. La statistique criminelle relève le chiffre des récidives, c'est-à-dire le nombre des offenses commises par ces récidives et la nature des peines infligées en dernier lieu. Les récidives sont constatées de la manière la plus rigoureuse par les parquets au moyen des casiers judiciaires. Le service des prisons signale les anciens récidivistes reconnus dans les établissements, et dont un grand nombre échappait autrefois à la connaissance de l'autorité judiciaire. L'action de ce double contrôle s'éclaire et se complète mutuellement.

En ce qui concerne les condamnés aux travaux forcés, il serait prématuré de tirer des conclusions du régime forcément transitoire qui a suivi la promulgation de la loi de 1854. Malgré des efforts persévérants, le bagne de Toulon n'a été évacué qu'en 1873, et les forçats transportés dans les colonies y sont soumis à une résidence dont la durée et les conditions varient beaucoup. Un très-petit nombre est rapatrié chaque année : 81 en 1867. Parmi eux, 23 ont été repris : 9 en 1867 ; 8 en 1868 et 8 en 1869. Nous avons dit, dans l'avant-propos, que sur 100 hommes libérés en 1867 des maisons centrales, 43 avaient été de nouveau condamnés dans le cours de cette année et des deux années suivantes. Cette proportion est plus élevée de douze centièmes que celle obtenue pour les femmes. La statistique s'occupe ici des individus et non du nombre réel des jugements ; or, pendant le laps de temps qui limite les recherches (deux ans et demi en moyenne), le même récidiviste est traduit plusieurs fois devant les tribunaux. Ainsi des 2 443 hommes sortis en 1867 des maisons centrales et repris en 1867-68-69, on en compte 680 qui ont été jugés de nouveau deux fois, 331 trois fois, 140 quatre fois, 79 cinq fois, 40 six fois, 27 sept fois, 11 huit fois, 5 neuf fois et 8 dix fois et plus. La masse ou pécule remise aux libérés avait été de moins de 20 francs pour 14 pour 100 ; de 20 à 100 francs pour 57 pour 100 ; et de plus de 100 francs pour 28 pour 100. Ces proportions diffèrent très-peu d'une année à l'autre.

Portugal et Espagne. — Il n'existe pas de publication officielle à l'aide de laquelle on puisse rechercher l'influence du régime pénitentiaire sur la récidive.

Italie. — Ce genre de recherches est encore à l'étude et l'on espère en pouvoir donner quelques résultats dans les prochaines publications de statistique judiciaire. La statistique des prisons pour 1871, présentée au ministre de l'intérieur par M. Cardon, directeur général des prisons d'Italie, nous fait connaître que la proportion des récidivistes est de 18 pour 100 parmi les détenus des bagnes ; de 30 pour 100 pour les hommes détenus dans les maisons centrales et de 17 pour 100 pour les femmes.

Grèce. — Le gouvernement apporte tous ses soins à la moralisation des condamnés, et les informations officieuses qu'il a été possible de recueillir permettent d'affirmer que la récidive est moins fréquente en Grèce que dans plusieurs autres pays d'Europe; on peut même espérer que la disparition du brigandage, qui a cessé depuis plusieurs années, a produit encore une nouvelle amélioration; mais jusqu'à présent aucun document officiel ne met le moraliste à même de constater cet heureux résultat.

Serbie. — La mise en liberté sous condition a une très-grande influence sur l'amélioration morale des condamnés. Sur cent cas, c'est à peine s'il s'en produit un où le condamné, mis en liberté sous condition, doit être ramené à l'établissement pénitentiaire pour y achever sa peine, bien que les mesures prescrites à cet égard soient assez sévères. Ces résultats sont constatés par les rapports des directeurs des maisons de détention et des autorités de police compétentes, mais ils ne figurent dans aucune publication officielle.

Roumanie. — La direction générale des prisons a constaté que le régime cellulaire de jour et de nuit était nuisible à la santé, et surtout incompatible avec le caractère des gens du pays. Le régime en commun avec obligation du travail et du silence a donné de bons résultats. Avec le coucher en cellule, la moralisation sera plus sérieuse encore. Pour la récidive, on peut admettre la proportion de 12 pour 100. La statistique judiciaire, qui est en voie de réorganisation en Roumanie, donnera sans doute sur ce sujet de plus amples renseignements.

CONCLUSIONS

Nous venons d'exposer l'état des législations et des statistiques de l'Europe sur la récidive et le régime pénitentiaire ; il nous faut maintenant examiner s'il est possible d'établir une statistique internationale, ou mieux, de poser les bases d'après lesquelles les statistiques judiciaires devraient être constituées, pour donner aux jurisconsultes et aux moralistes les moyens de rechercher si les peines produisent les effets que la société est en droit d'en attendre, notamment si elles sont moralisatrices. « Cette étude, disait en 1829 l'illustre criminaliste Rossi, ne peut se faire que par l'examen le plus attentif des résultats statistiques de la justice pénale. »

Les publications des divers pays d'Europe ne répondent pas complétement, en l'état, aux besoins de la science et de l'humanité. Si elles peuvent, à la rigueur, éclairer les gouvernements sur le mouvement de la criminalité nationale. elles ne fournissent pas les éléments indispensables à une comparaison utile de la moralité relative des peuples, et cela, faute d'une méthode uniforme. C'est au congrès international de statistique qu'il appartient d'obtenir le résultat désiré. Il a déjà réalisé des progrès ; les publications officielles, modifiées et assimilées d'après ses indications, ont fixé les savants sur les causes de nombreux phénomènes économiques et juridiques, mais il lui reste beaucoup à faire, et la question qui va lui être soumise est une de celles qui touchent aux plus graves intérêts, ceux de la sécurité et de la moralisation sociales.

Cette assimilation des statistiques de l'Europe, eu égard à la récidive dans ses rapports avec la loi pénale et le régime pénitentiaire, est-elle réalisable? En ce qui concerne le point de vue strictement légal, nous répondrons sans hésiter : Non. En effet, si toutes les législations prévoient l'état de récidive, elles l'apprécient de manières bien différentes ; les unes le considèrent comme une cause générale d'aggravation de la peine, les autres exigent qu'il y ait identité absolue ou relative de la première et de la seconde infraction ; ici c'est la peine, là c'est le fait qui sert de base à la récidive ; dans quelques pays, l'état de repris de justice fait passer le délinquant d'une juridiction inférieure à une juridiction supérieure ; enfin, dans d'autres, il y a une prescription particulière, tantôt de cinq ans, tantôt de dix ans. En présence de la diversité des législations, vouloir créer une statistique internationale de la récidive au point de vue juridique, serait une utopie. On doit donc se restreindre à demander que chaque statistique officielle soit dressée de façon à montrer si la législation du pays a su, par ses dispositions répressives, opposer un obstacle sérieux au débordement des mauvaises passions. Mais si c'est le devoir et l'intérêt des gouvernements de suivre, à l'aide de la statistique, l'application des lois et le mouvement de la criminalité, n'existe-t-il pas entre toutes les nations une espèce de solidarité et un besoin mutuel de défense qui leur imposent l'obligation de s'entr'aider, et de se fournir réciproquement les moyens de combattre les influences pernicieuses du vice et de la démoralisation? Or, s'il n'est pas possible de faire une statistique *juridique* internationale, il est du moins permis d'aspirer à une statistique *morale;* car il ne s'agirait plus ici de l'application d'une loi, mais de la constatation d'un fait. La tâche serait donc aisée à accomplir et, si l'on veut pouvoir rechercher les effets des divers systèmes pénitentiaires, il est nécessaire de se l'imposer.

M. Ch. Lucas, dans un rapport à l'Institut de France sur le congrès de Londres, s'exprimait ainsi : « Il est bien certain que, du moment où le régime pénitentiaire n'aspire pas à la régénération radicale du condamné pour en faire un homme vertueux, mais seulement à un amendement qui préserve la société du péril de la récidive, la constatation de la récidive est le criterium de cet amendement *légal.* Entre deux systèmes, le degré supérieur d'efficacité relative doit être ainsi acquis à celui qui, à nombre égal de libérés, présente le chiffre le moins élevé de cas de récidive. Mais une comparaison ne peut s'établir qu'entre deux termes égaux, c'est-à-dire entre deux situations similaires. » Il est impossible de mieux préciser la question à résoudre ; nous n'avons plus qu'à indiquer les moyens qui nous paraissent de nature à répondre au but proposé.

Recherche et constatation de la récidive. — Une fois admis ce principe que, pour faciliter l'étude de l'influence, sur la récidive, des différents systèmes pénitentiaires appliqués en Europe, il est nécessaire que les statistiques officielles tiennent compte de la récidive *générale,* c'est-à-dire, abstraction faite de la nature des infractions et des dispositions pénales, le premier point à examiner est celui-ci : Comment constatera-t-on cette récidive? A cet égard, nous n'avons qu'à rappeler à nos collègues les moyens déjà proposés dans les sessions antérieures du congrès : les registres périodiques et les casiers judiciaires. Par des mécanismes différents, ces deux systèmes donnent le même résultat. (Voir chap. II, *Russie et France.*)

États des récidives. — Les notices des registres imprimés et les bulletins des casiers contenant les nom, prénoms, âge, filiation, état civil, origine, profession et domicile des condamnés, on peut dresser annuellement, par circonscription judiciaire, un cahier ou état nominatif et alphabétique des récidivistes, présentant toutes les indications ci-dessus, auxquelles il convient d'ajouter, d'une part, tous les antécédents judiciaires, avec mention des établissements dans lesquels ont été subies les peines corporelles et l'époque précise de la libération, et, d'autre part, les nouvelles poursuites avec leur résultat. Ces états, centralisés au bureau de statistique et dépouillés par lui, permettent de classer, dans la publication officielle, les récidivistes d'après les conditions individuelles qui peuvent exercer une certaine influence sur la criminalité. Il serait également désirable de trouver dans les statistiques les renseignements suivants : Nature et nombre des peines précédemment encourues. — Condamnations prononcées pendant l'année de l'état. — Nature de la première et de la dernière infraction. — Age du récidiviste à l'époque de la première condamnation. On devrait aussi faire connaître si l'on tient compte des individus ou des jugements et, dans ce dernier cas, ajouter un tableau qui, en indiquant le nombre de fois que chaque récidiviste a été condamné dans l'année, permette de constituer le nombre exact des *individus*, point important pour vérifier si la progression des récidives porte sur les mêmes personnes ou si elle est produite par un contingent nouveau. Chaque pays aura sa division propre, eu égard aux circonscriptions judiciaires (cour ou tribunal), mais, en ce qui concerne la nature des infractions, elle devra être clairement définie. Il est évident qu'ici les divergences des législations feront obstacle à une assimilation absolue et que tel fait, considéré comme crime dans un pays, n'est plus qu'un simple délit dans un autre ; mais, en se conformant aux recommandations réitérés du congrès, c'est-à-dire en faisant précéder les tableaux de notices juridiques explicatives, on pourra dégager sans difficulté l'élément dont on aura besoin. Pour faire une étude morale sur le mouvement de la criminalité générale, ce qu'il faut surtout bien connaître, c'est la nature des infractions, plus encore que la qualification que leur donne la loi. Ainsi, le vol qui, dans plusieurs législations, est tantôt crime, tantôt délit et même contravention, n'est justiciable de telle ou telle juridiction que suivant que telle ou telle circonstance l'a accompagné ; mais le mauvais instinct, la cupidité qui pousse le voleur à s'approprier la chose d'autrui n'en existe pas moins dans les trois ordres de faits. Or nous avons dit que nous voulions établir une statistique *morale* de la récidive et, pour l'obtenir, il faut surtout que la nature des infractions ressorte clairement des publications.

Listes des libérés et leur rapprochement avec les états des récidives. — Passons maintenant à la récidive dans ses rapports avec le régime pénitentiaire, et recherchons par quel procédé on peut arriver à la suivre exactement. Il ne faut pas perdre de vue que nous nous occupons ici de la statistique criminelle et non de la statistique des prisons. Du reste, on ne pourrait obtenir par les registres d'écrou les constatations désirables, parce que l'administration pénitentiaire ignore complétement les condamnations par contumace et par défaut, qui, sous le rapport moral, ont le même caractère et la même importance que les condamnations contradictoires.

Le bureau de statistique, dans lequel sont déjà centralisés les états de récidives, doit se faire adresser, par tous les directeurs d'établissements pénitentiaires, des listes annuelles alphabétiques des condamnés sortis de la maison de détention par suite de libération ou de grâce. Les individus libérés provisoirement y seront l'objet d'une section séparée. Ces listes donnent les nom et prénoms des libérés, le tribunal qui les avait condamnés, la date du jugement, la nature du fait commis, la nature et la durée de la peine, le temps passé dans la maison, la profession exercée avant et pendant la détention, le degré d'instruction, l'époque de la libération, le montant de la réserve remise à la sortie. L'état des récidives indiquant, ainsi que nous l'avons dit plus haut, les lieux où ont été subies les peines antérieures et les dates de libération, c'est ce document qui sert de base aux recherches. Quand un individu est sorti d'un établissement pénitentiaire on inscrit, en regard de son nom, sur la liste des libérés, la nouvelle condamnation qu'il a encourue. Ces investigations peuvent sans inconvénient être limitées à trois années. Il serait, en effet, injuste d'attribuer à l'imperfection d'un système de répression une faute commise plus de trois ans après que l'auteur a cessé d'y être soumis.

Lorsque ce rapprochement est terminé et que toutes les condamnations nouvelles prononcées contre les libérés ont été inscrites sur les listes des établissements pénitentiaires, il s'agit de dépouiller celles-ci pour former trois tableaux de la statistique criminelle, chacun correspondant à une année. Prenons, par exemple, les libérés de 1871 pour le compte statistique de 1873. Un tableau sera destiné aux libérés de 1871 condamnés de nouveau en 1871-72 et 73, un autre aux libérés de 1872 condamnés en 1872 et 1873, et un troisième aux libérés de 1873 condamnés dans le cours de cette même année ; de cette façon on voit quel délai s'est écoulé entre la libération et la récidive. Quant aux éléments qui doivent entrer dans ces tableaux, voici ceux qui nous semblent surtout utiles : chaque établissement ayant une ligne spéciale, indiquer si cet établissement est public ou privé; s'il renferme des hommes, des femmes, des enfants (garçons ou filles) ; si le régime est agricole ou industriel, cellulaire ou en commun ; dans le cas où il y a eu libération préparatoire, sur quels principes repose, dans le pays, ce système ; la nature et la durée de la peine subie ; le montant du pécule remis à la sortie, le nombre de fois que le récidiviste a été condamné depuis sa libération ; la nature des nouvelles infractions commises, la nature et la durée de la peine prononcée.

Telles sont, d'après nous, les diverses opérations auxquelles il convient de procéder, si l'on veut, comme le demandent tous les hommes compétents, réunir les matériaux d'une étude, par la statistique, de la récidive dans ses rapports avec le régime pénitentiaire. Nous n'avons pas l'espérance d'avoir tout prévu ; mais ces propositions, devant être l'objet d'une discussion préparatoire à la prochaine réunion de la commission permanente, et d'une décision définitive à la neuvième session du congrès, pourront recevoir les modifications et les développements nécessaires. Nous avons seulement résumé ici les observations que nous a suggérées, sur ce sujet, notre pratique déjà longue de la statistique judiciaire, heureux si nous pouvons contribuer, dans la faible mesure de nos moyens, à l'étude et à la solution de ce grand et difficile problème : la moralisation du coupable par le système pénitentiaire !

Paris. — Typographie A. Hennuyer, rue d'Arcet, 7.

TABLE PAR PAYS

PAYS.	CHAPITRE Ier. LÉGISLATION DE LA RÉCIDIVE.	CHAPITRE II. MOYENS DE RECHERCHE ET DE CONSTATATION.	CHAPITRE III. ÉTAT DE LA STATISTIQUE.	CHAPITRE IV. LÉGISLATION DU RÉGIME PÉNITENTIAIRE.	CHAPITRE V. DE LA RÉCIDIVE DANS SES RAPPORTS AVEC LE RÉGIME PÉNITENTIAIRE. STATISTIQUE.
	Pages.	Pages.	Pages.	Pages.	Pages.
Autriche.............	8	22	29	39	54
Bade (Grand-duché de)..	13	24	31	46	56
Bavière	13	23	31	44	55
Belgique.............	15	»	32	48	56
Danemark............	6	21	27	36	53
Espagne.............	17	25	34	50	57
France..............	16	24	32	48	56
Grande-Bretagne.......	5	21	27	36	53
Grèce...............	19	26	35	52	57
Hesse-Darmstadt.......	13	23	31	»	56
Hongrie..............	9	22	30	42	54
Italie................	18	25	34	51	57
Mecklembourg-Schwerin.	14	24	31	46	56
Norwége.............	7	21	28	37	53
Pays-Bas.......... ...	15	24	31	47	56
Portugal.............	17	25	34	50	57
Prusse...............	13	22	30	43	55
Roumanie............	20	26	35	52	58
Russie..............	8	22	29	39	54
Saxe................	14	23	31	45	55
Serbie...............	19	26	35	52	58
Suède...............	8	21	28	38	53
Suisse...............	10	22	30	43	54
Wurtemberg..........	13	23	31	45	55

TABLE DES MATIÈRES